최신 PCB 재료기술

김형록 지음

공감북스

머리말

PCB 산업은 해를 넘어가면서 반도체 산업과 더불어 발전하고 있다.

머지않아 반도체에 버금가는 PCB가 도래할 수도 있다.

또한, 새로운 공법이 계속 연구 개발되고 이에 맞추어 신소재 산업 역시 계속 발전하여 신소재들도 속속 등장하고 있다.

이 책에서는 PCB의 주요 원·부자재를 정확히 알아야 하겠기에 먼저 주요 원·부자재를 소개하고 그 개념과 주요 기능들을 소개하고 있다.

즉, PCB의 가장 중요하고 key가 되는 원자재인 CCL, Cu foil을 소개하고 CCL의 평가 방법을 알려주었다.

이어 주 부자재인 D/F을 소개하고, 원자재인 InK를 소개하고 있다.

그리고, 차세대 소재들에 대하여 그 개발 배경과 필요성, 주요 기능들을 소개하였다.

마지막으로, 이러한 PCB 원·부자재를 평가하는 방법을 제시하고 있다.

모쪼록 이 최신 PCB 재료기술 책자가 PCB 분야에 종사하는 모든분들에게 큰 도움이 되리라 확신하며, 집필진 분들에게 감사를 드린다.

2023. 2.

저자 김형록 씀

차 례

CHAPTER  01 PCB 주요 원·부자재

1.1 CCL ·· **2**

1.1.1 CCL의 구조 ·· 2

1.1.2 CCL의 제조 공정 ·· 3

1.1.3 Epoxy resin(에폭시 수지)의 개념 ·· 3

1.1.4 경화제(hardener) ·· 4

1.1.5 경화의 mechanism ·· 5

1.2 CCL 종류별 특성 연구 ·· **6**

1.2.1 표준 에폭시 수지 ··· 6

1.2.2 Epoxy resin CCL (양/단면용) ·· 28

1.2.3 페놀 수지 CCL ·· 34

1.3 Cu foil ··· **43**

1.3.1 전해 동박 ··· 43

1.3.2 Cu foil의 기술 발전 동향 ·· 46

1.4 Dry film(D/F) ·· **52**

1.4.1 D/F의 구조 및 성분 ··· 52

1.5 Ink ··· **57**

1.5.1 Resist ink의 분류 ·· 57

1.5.2 Ink의 조성 ··· 58

1.5.3 제조 공정 ··· 59

1.5.4 PSR(Photo imagable Solder Resist) ··· 59

1.5.5 Resist ink Technical data ·· 64

CCL Test 방법

2.1 Solder heat resistance(솔더 내열성) ·············· **72**

2.2 Heat resistance(내열성) ·············· **73**

2.3 Peel Strength(인장박리 강도) ·············· **74**

2.4 Flexural strength(굴곡 강도) ·············· **75**

2.5 Surface resistance & Volume resistivity (표면 저항과 체적 저항률) **76**

2.6 Insulation resistance(절연 저항) ·············· **77**

2.7 Dielectric Constant and dielectric dissipation factor(유전율과 유전 정접) **78**

2.8 Sodium Hydroxide resistance(내 가성소다성) ·············· **79**

2.9 Coefficient of water absorption(물 흡수율) ·············· **80**

2.10 Flame retardancy (난연성) ·············· **81**

2.10.1 UL 수식법 ·············· 81
2.10.2 UL 수평법 ·············· 82

차세대 PCB용 원·부자재

3.1 High Tg FR-4 ·············· **84**

3.1.1 개요 ·············· 84
3.1.2 technical data ·············· 84

3.2 Build up, RF, high speed 적용용 재료 ·············· **90**

3.2.1 개요 ·············· 90
3.2.2 PCB 재료의 발전 경향 ·············· 90
3.2.3 Low Dk 재료 ·············· 90
3.2.4 Sap(Semi additive process) Build up dielectric 재료들 ·············· 94

3.3 UTC(Ultra Thin Copper foil) ·············· **97**

3.3.1 개요 ·············· 97
3.3.2 개발 배경 ·············· 97
3.3.3 CCF(Carier Copper foil) ·············· 98
3.3.4 adhesiveless FCCL ·············· 101

3.4	Solvent free pre-preg	**104**
	3.4.1 개요	104
	3.4.2 특성 비교	104

3.5	LCP(Liquid Crystal Polymer)	**106**
	3.5.1 개요	106
	3.5.2 LCP 기판의 장점	106
	3.5.3 적용	107
	3.5.4 LCP의 재료 해석	107
	3.5.5 LCP Lamination	109
	3.5.6 LCP flexible PCB 제조 방법	110

3.6	High Tg halogen free CCL	**112**
	3.6.1 개요	112
	3.6.2 특성	112

3.7	Laser 드릴용 E-glass 재료	**119**
	3.7.1 Laser 드릴용 재료	119
	3.7.2 Laser 드릴 홀 품질 비교	120
	3.7.3 HDI용 glass가 보강된 Laser 드릴용 pre-preg	124

3.8	Anti-CAF(Conductive anode filament) CCL	**128**
	3.8.1 개념	128
	3.8.2 CAF의 영향 인자	129

3.9	고주파용 PCB 재료	**134**
	3.9.1 배경	134
	3.9.2 개념	134

CHAPTER 04

PCB 재료 평가

4.1	원자재	**140**
	4.1.1 CCL(Copper Clad Laminate)	140
	4.1.2 Ink	143
	4.1.3 Copper Foil	145
	4.1.4 Pre-preg	146

| **4.2** | **부자재** | **149** |

4.2.1 D/F ······ 149
4.2.2 Bit ······ 155
4.2.3 Brush ······ 157
4.2.4 스퀴지 ······ 158

| **4.3** | **약품** | **160** |

4.3.1 옥사이드 ······ 160
4.3.2 무전해 화학 동도금 ······ 164
4.3.3 광택제 ······ 170
4.3.4 부식액 ······ 173
4.3.5 박리액 ······ 176

| **4.4** | **기타** | **179** |

4.4.1 Pin ······ 179
4.4.2 노광용 Lamp ······ 179
4.4.3 다층 프레스용 SUS Plate ······ 181
4.4.4 실크스크린 ······ 181
4.4.5 유제 ······ 183
4.4.6 필름 ······ 185
4.4.7 Cu Anode ······ 186
4.4.8 소포제 ······ 187
4.4.9 Neo mask film ······ 189

제1장
PCB 주요
원·부자재

1.1	CCL
1.2	CCL 종류 특성 연구
1.3	Cu foil
1.4	Dry film(D/F)
1.5	Ink

제1장

CCL은 Copper Clad Laminate(동박이 덮힌 적층판)의 약자로서 PCB를 제조하기 위한 Base material로 업체에서는 원판이라고도 한다.

PCB 공정 기술학에서 서술한 내용과의 중복을 피하여 CCL의 근본적인 제조 공법 및 종류에 대해서 논하겠다.

1.1 CCL

1.1.1 CCL의 구조

위에서 보듯이 CCL은 크게 전기 회로를 형성해 주는 금속인 Cu foil과 절연성을 부여해주는 절연층으로, 이 절연층은 유리 섬유에 수지가 함침된 구조로 되어 있다. 여기서, 수지가 무엇으로 되어 있느냐에 따라 에폭시 수지 기판, 폴리이미드 수지 기판, 페놀 수지 기판 등으로 나뉘어진다.

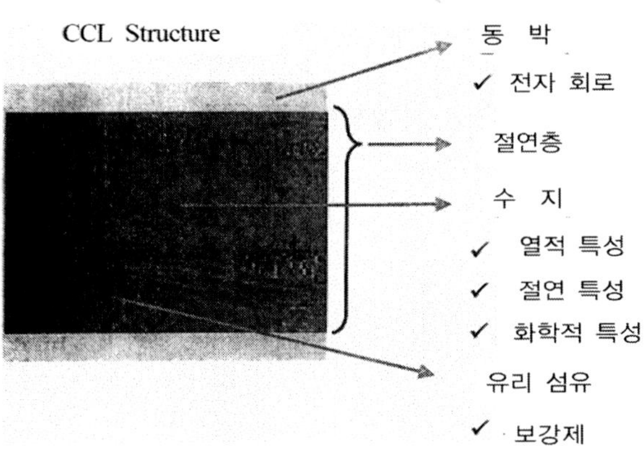

그림 1.1　CCL의 구조

1.1.2 CCL의 제조 공정

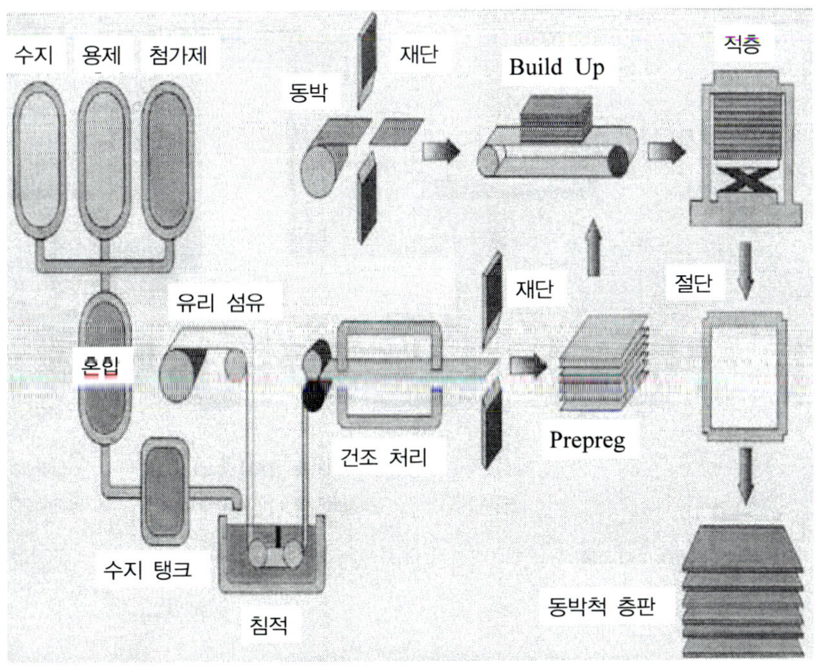

그림 1.2 CCL의 제조 공정

그림 1.2는 CCL의 제조 공정 flow를 나타내고 있다.

1.1.3 Epoxy resin(에폭시 수지)의 개념

에폭시 수지는 다음과 같이 정의할 수 있다.

화학적으로는 화학 구조 내에 에폭시기를 포함한 모든 물질로서 epoxide, epoxy ring, Oxirane, Glycidyl 등을 의미하고, 산업적으로는 열 경화성 수지의 중간체(pre polymer)가 경화제와의 반응에 의해 3차원 망목상 구조를 형성하는 것을 의미한다.

즉, 에폭시 고유의 물성, 2개 이상의 에폭시기를 함유하고 있는 상태를 말한다. 또한 에폭시 수지는 공법과 성분에 따라 다음과 같은 몇 가지로 나눌 수 있다.

1.1.3.1 Bisphenol A Type의 에폭시 수지

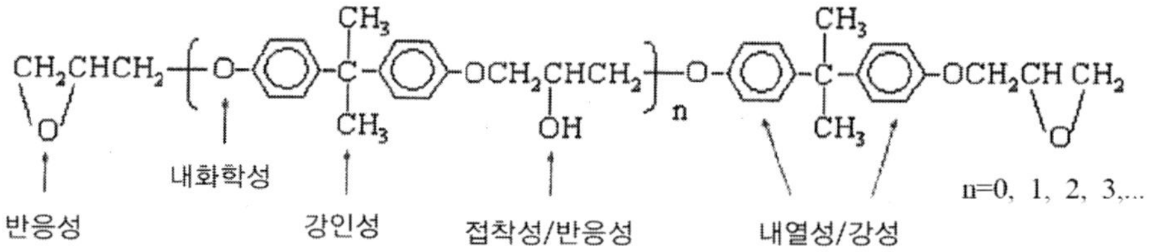

그림 1.3 Bisphenol A Type의 에폭시 수지

1.1.3.2 Novolac Type의 에폭시 수지

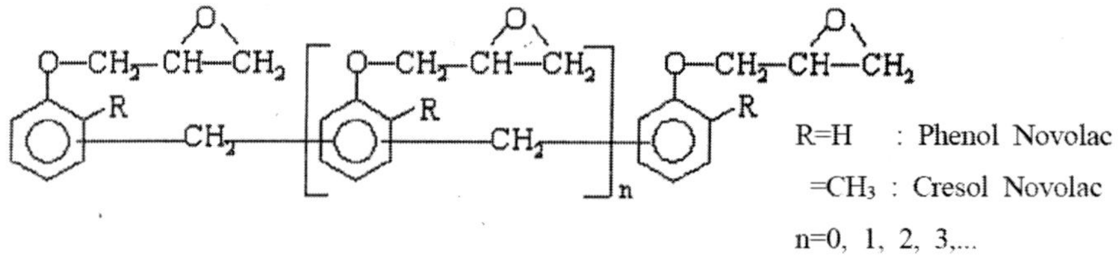

그림 1.4 Novolac Type의 에폭시 수지

1.1.3.3 Bromine이 합성된 에폭시 수지

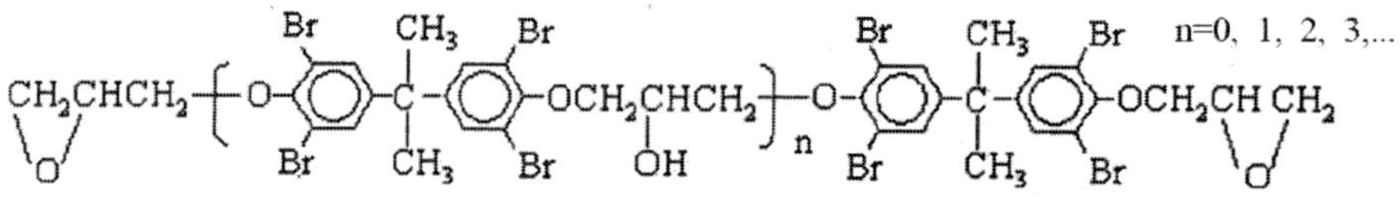

그림 1.5 Bromine이 합성된 에폭시 수지

1.1.4 경화제(hardener)

경화제는 에폭시 수지외 열 경화성 수지의 경화를 돕는 촉매 역할을 하는 고분자 약품으로 대표적인 것은 다음과 같다.

1.1.4.1 Dicyandiamide

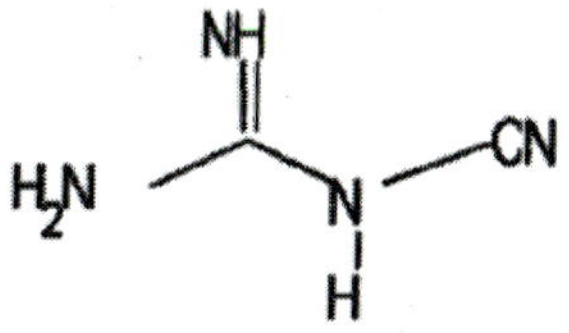

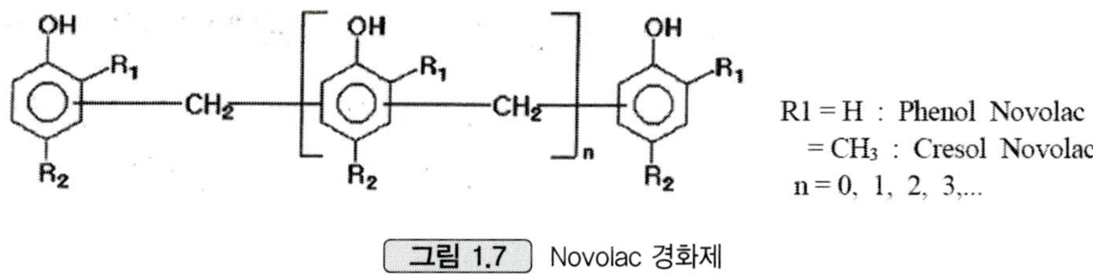

그림 1.6 Dicyandiamide 경화제

1.1.4.2 Novolac Hardener

R1 = H : Phenol Novolac
= CH₃ : Cresol Novolac
n = 0, 1, 2, 3,...

그림 1.7 Novolac 경화제

1.1.5 경화의 mechanism

경화는 다음과 같은 반응에 의해 이루어진다.

1.1.5.1 Dicyandiamide Cure

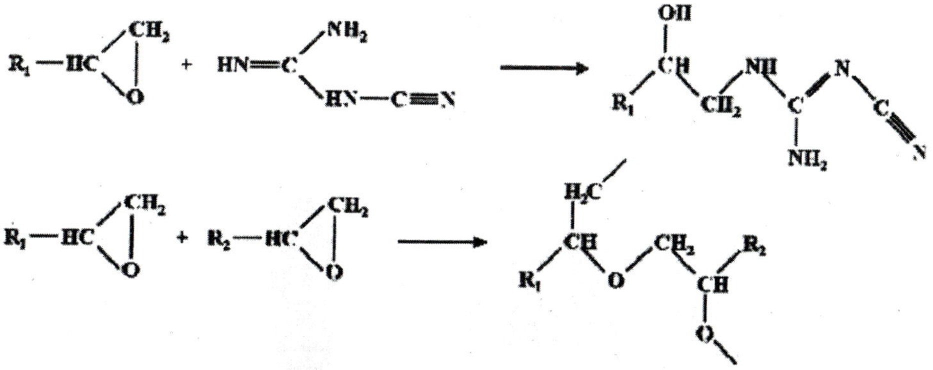

그림 1.8 경화 반응도

1.1.5.2　Hydroxyl Cure

$$R_1-HC\underset{O}{\overset{CH_2}{\diagup}} + R_2-OH \longrightarrow \underset{R_1}{\overset{HO}{|}}CH-CH_2-O-R_2$$

1.2　CCL 종류별 특성 연구

이 장에서는 CCL의 종류별 특성 및 주요 물성, 적용 등에 대해 알아보았다.

에폭시 수지 Base의 CCL은 통상적으로 FR Series로서 PCB 업계에서 가장 많이 사용되는 CCL이다.

1.2.1　표준 에폭시 수지

1.2.1.1　FR-4(표준 epoxy 수지)

(1) 특성

- 체적 저항률 : 5×10^{15} Ω·cm(C-96/20/65)

　　　　　　　1×10^{15} Ω·cm(C-96/20/65 + C-96/40/90)

- 표면 저항 : 6×10^{14} Ω (C-96/20/65)

　　　　　　2×10^{14} Ω (C-96/20/65 + C-96/40/90)

- 유전율(1MHz) : 4.7(C-96/20/65)

　　　　　　　　4.7(C-96/20/65 + D-24/23)

- 유전정접(1MHz) : 0.018(C-96/20/65)

　　　　　　　　　0.021(C-96/20/65 + D-24/23)

- 소층 파괴 전압(kV) : 55kV(D-48/50)

- 관층 파괴 전압(kV/mm) : 30kV/mm(D-48/50)

- 절연 저항 : 1×10^{14} Ω (C-96/20/65)

　　　　　　6×10^{13} Ω (C-96/20/65 + D-24/100)

- 흡수율 : 0.10%(E-24/50 + D-24/23)

- 내열성 : ·솔더 내열성 ~ 부풀음, 변색이 없어야 한다.

· 일 굴곡 상노 ~ 25%(150℃ 하에서)

- Tg : · 150℃ (DMA 법)

　　　· 125℃ (TMA 법)

- 열팽창 계수 : 65ppm/℃ (TMA 법)

- Peel Strength : · Cu foil 18㎛ ~ · 1.5KN/m

　　　　　　　　　　· 1.5KN/m(S-20"/260)

　　　　　· Cu foil 35㎛ ~ · 2.0KN/m

　　　　　　　　　　· 1.9KN/m(S-20"/260)

　　　　　· Cu foil 70㎛ ~ · 2.9KN/m

　　　　　　　　　　· 2.8KN/m(S-20"/260)

- 굴곡 강도 : 470 ~ 540 N/mm2

- UL 난연성 : 94V - 0

[참고]

1. ( ) 괄호 안의 표기는 시험 방법을 의미하며 A = 채취 상태에서 처리, C = 항온 항습 상태에서 처리, D = 항온 수 중에서 처리, E = 항온 공기 중에서 처리한 것을 뜻한다. 예로서 C-96(시간)/20(온도)/65(습도)일 경우 20℃, 65% RH에서 96시간 처리 후 측정하였다는 것을 약식으로 기록한 것을 뜻한다.
2. 소층 파괴 전압은 적층판에 평행한 면의 파괴 전압을 뜻하고, 관층 파괴 전압은 적층판에 수직면의 파괴 전압을 말한다.

1.2.1.2 일반 FR-4 pre-preg

(1) 특성

표 1.1 일반 FR-4 pre-preg 특성표

두께(mm)	수지량(%)	수지 흐름(%)	gel time(초)	휘발분(%)
0.07±0.02	60±3	36±5	125±30	0.7 이하
0.10±0.02	53±3	32±5	115±30	0.7 이하
0.15±0.02	50±3	29±5	115±30	0.7 이하
0.20±0.02	50±3	30±5	100±360	0.7 이하

1.2.1.3 Technical data

(1) pre-preg resin의 용융 점도 거동 mechanism

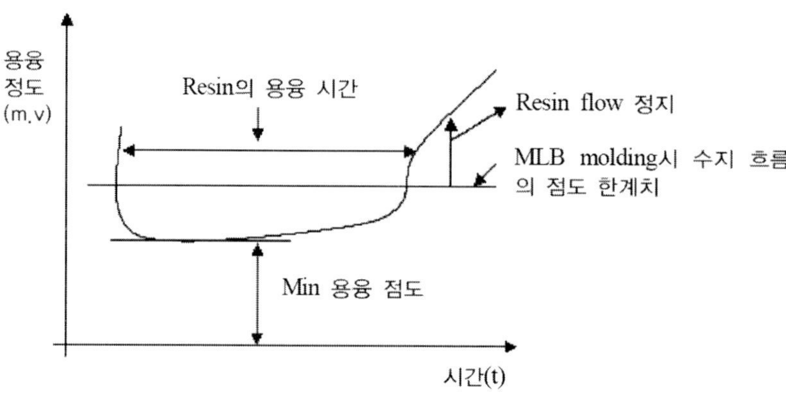

그림 1.9 pre-preg 수지의 거동 mechanism

위 그림 1.9는 pre-preg resin이 열과 압력을 받아 시간이 경과함에 따른 resin의 용융 점도의 점도 변화 및 거동을 나타낸 그래프로 pre-preg의 적층 시 mechanism을 알 수 있는 좋은 그래 프이다.

(2) 표준 성형 조건(press 조건)

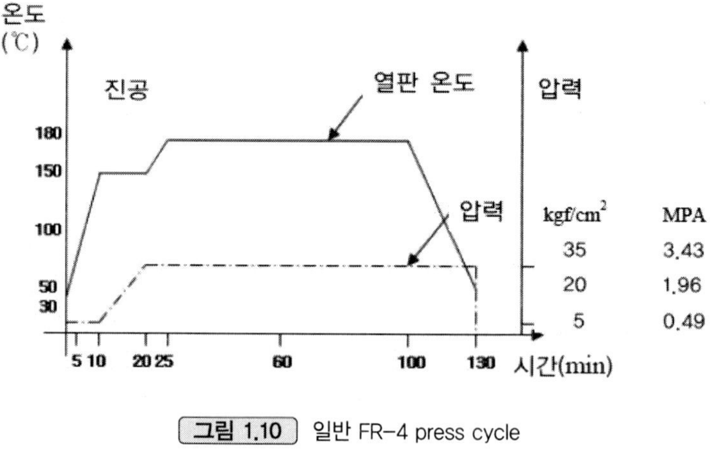

그림 1.10 일반 FR-4 press cycle

※ pressing 조건

- raise Temp rate : 2 ~ 3℃/분(90 ~ 140℃)

- 최고 도달 온도 : 170℃ 이상

제퓨 우도 150℃ 이상 유지 : 30분 이상

- 압력 : high 30 ~ 40kgf/cm2(2.94 ~ 3.92MPa)

- 10매/opening 처리.

1.2.1.4 halogen free epoxy 수지

일반 FR-4 에폭시 수지에 함유되어 있는 halogen 성분(F, cl 등)은 나중에 폐기할 경우 토양을 오염시키는 성분이 되어 환경 공해로서 작용하기 때문에 halogen 성분이 없는 친환경적인 epoxy 수지가 개발되어 나오기 시작하였다. 이 halogen free 에폭시 수지의 특성, 물성 등에 대해 알아보기로 한다.

(1) halogen free CCL의 특성

① 일반 FR-4 수지와의 차이점

- 유전 정접이 FR-4보다 낮다(0.015).

- 열 팽창 계수가 FR-4 보다 낮다(55ppm/℃).

- peel strength가 FR-4보다 전반적으로 낮다.

② 성형 조건

※ 성형 조건

- 성형 시간 : 180분(가열 : 150분 + 냉각 : 30분)

- 열판 온도 : 175℃

- 제품 온도 : 160℃ 이상, 70분 이상 유지

- Cushion지 : 190g/m2로 top, bottom 8 ~ 10매

- 압력 : 25 ~ 30kgf/cm2(2.45 ~ 2.94MPa)

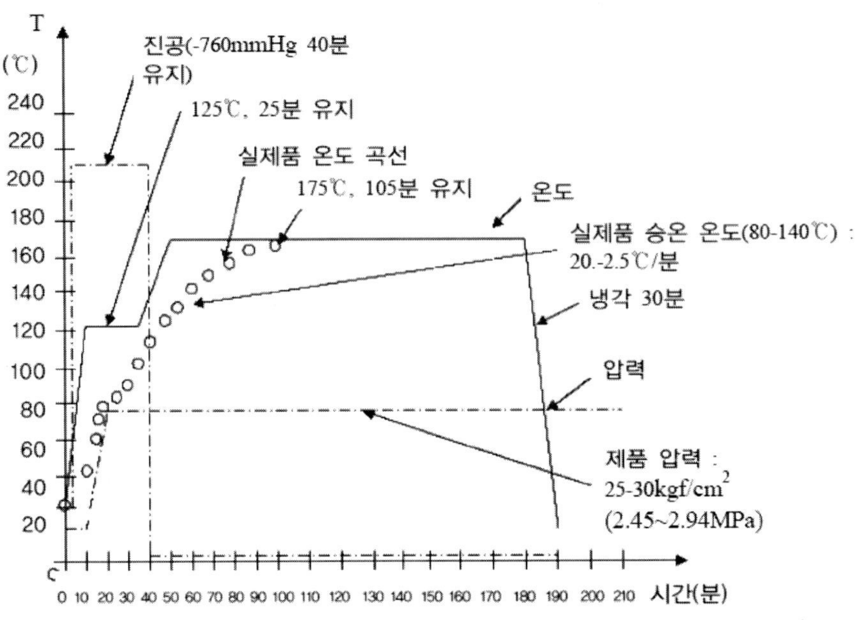

그림 1.11 halogen free CCL press cycle

③ 치수 안정성

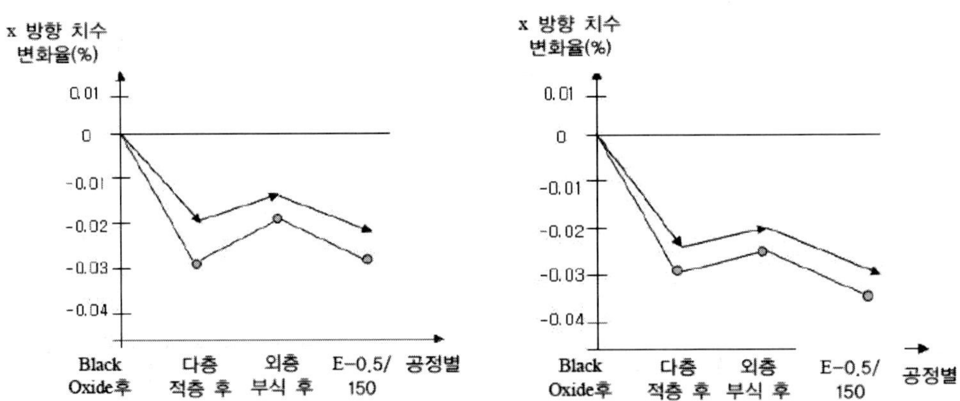

[보기] ● : Standard FR-4, ▲ : Halogen free FR-4

그림 1.12 치수 안정성 비교도

※ 측정 조건

- 측정 PCB : x(460) × y(510) (mm)

- 내층 층별 pattern Cu 면적

· 2층 : 80%

· 3층 : 40%

- Lay-up 구조

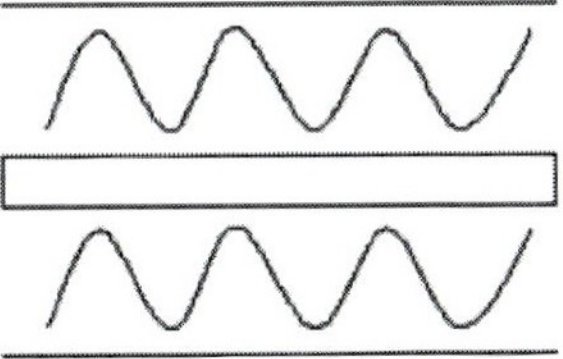

위 그래프를 분석해 보면 일반 FR 대비 halogen free FR-4가 변화 거동 변화 폭이 적은 것을 알 수 있다. 이것은 각 공정별 처리 시 치수 거동이 적어 치수 불량을 줄일 수 있고, 안정적이라고 할 수 있다.

④ migration resistance(Through hole 벽간)

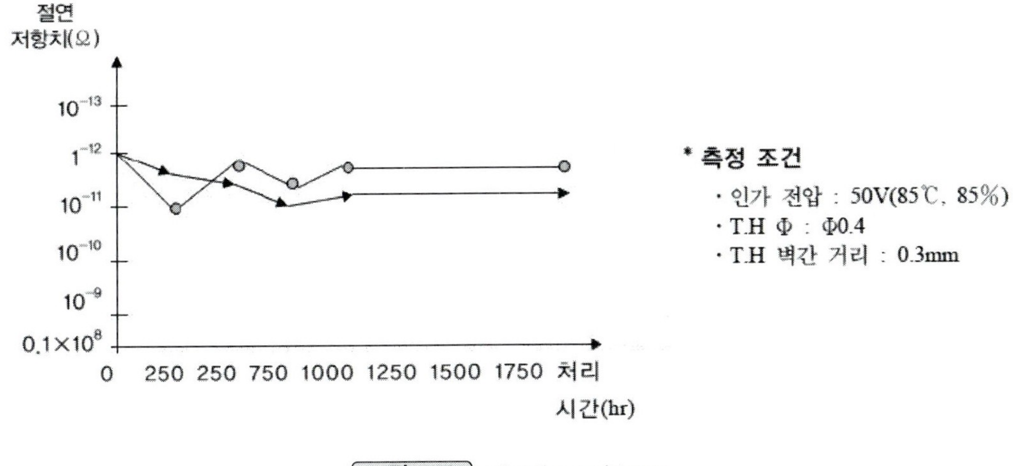

그림 1.13 migration resistance

위 그림에서 보면 halogen free CCL이 일반 FR-4보다 Through hole 벽간 migration성이 적은 변화의 저항치로 나타남을 알 수 있다. 이것은 Through hole migration성이 안정적이라고 할 수 있다.

⑤ Through hole 신뢰성

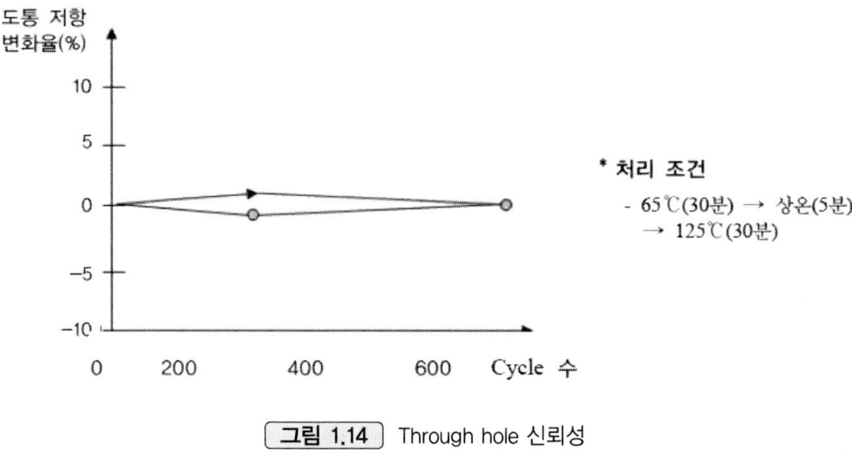

그림 1.14 Through hole 신뢰성

Through hole 신뢰성 면에서 비교한 것을 보면 일반 FR-4와 halogen free FR-4 간에 큰 차이가 없는 것을 알 수 있다.

⑥ KMn04 Desmear etching성

표 1.2 디스미어 etching성 비교표

처리 조건	Halogen free	FR-4
80℃, 10분 침적	4.2(0.15) 4.3(0.15)	4.0(0.14) 3.7(0.13)
평균	$4.3^1(0.15^2)$	3.9(0.14)

* 시편
: 50㎜ × 50㎜ × 0.6㎜(두께)
* 약품 : Shipley사

[1]0.6t, 50×50mm 시편의 Desmear 후 무게 손실량(g), [2]무게 손실의 %

여기에서 알 수 있는 것은 halogen free FR-4의 Smear 제거(Desmear etching성)가 FR-4보다 잘 되는 것을 알 수 있다.

즉, Desmear가 잘 됨으로써 Smear 제거가 용이하고 epoxy etching이 잘 되므로 후속 무전해 동도금 밀착성에 유리함을 알 수 있다.

⑦ oxide 처리성

표 1.3 Oxide 처리성 비교표

처리 조건	Halogen free	FR-4
70℃, 5분 침적 평균	0.0(0.01)	0.0(0.00)
70℃, 15분 침적 평균	$0.1^3(0.01)^4$	0.1(0.01)

* 시편
: 50㎜ × 50㎜ × 0.1㎜
* 약품 : Macdermid사

^{3}Oxide수 무게 손실량(g), ^{4}무게 손실의 ‰

Oxide 약품 침해 여부 실험에서는 FR-4 및 halogen free FR-4 모두에서 영향을 받지 않음을 알 수 있다.

1.2.1.5 고내열 FR-4(FR-5와 동일)

(1) 고내열 FR-4의 특성

① 일반 FR-4와의 차이점

- 체적 저항률이 낮다.
- 표면 저항이 낮다.
- 유전율은 거의 동일하다.
- 유전 정접도 거의 동일하다.
- 절연 저항이 높다.
- 흡수율이 낮다.
- 내열성의 열 적용 시 굴곡율이 훨씬 높다.
- Tg가 높다(175℃ 이상).
- 열 팽창 계수가 낮다(50ppm/℃).
- Peel Strength가 낮다.

② 고내열 FR-4 pre-preg

- gel time이 일반 FR-4보다 현저히 짧다.
- 휘발분이 일반 FR-4보다 2배 이상 많다.

③ 적용

- BGA용 PCB

- CoB용 PCB

- 고다층용 PCB

- Build up PCB용 Thin CCL

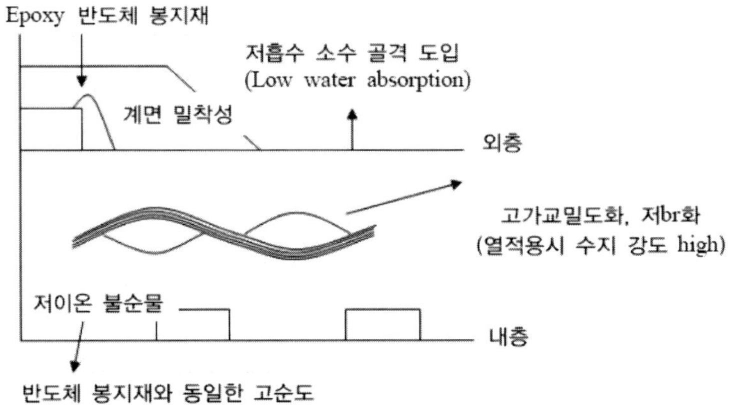

(2) Technical data

① 기판 두께 방향(z축) 열 팽창률

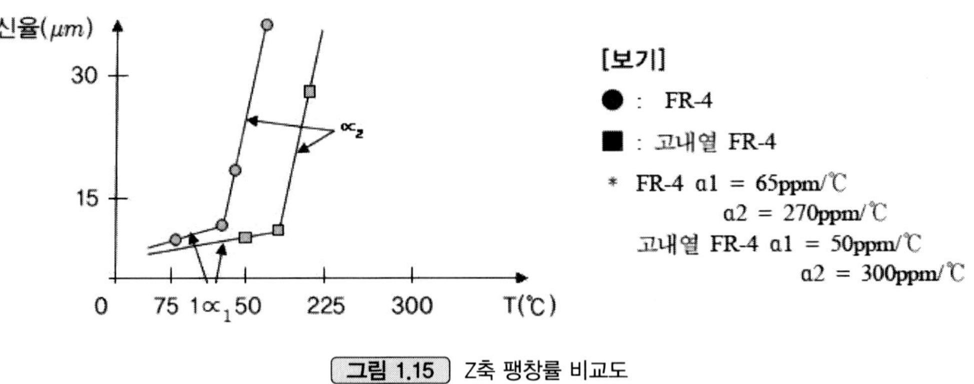

그림 1.15 Z축 팽창률 비교도

위 그래프에서 알 수 있듯이 고내열 FR-4가 일반 FR-4에 비교하여 저온(75℃~180℃)에서 Z축 열팽창이 낮고, 신율 또한 낮아 홀속 신뢰성이 우수하게 나타났고, 치수 안정성 역시 우수한 것으로 나타났다.

② 흡수 특성

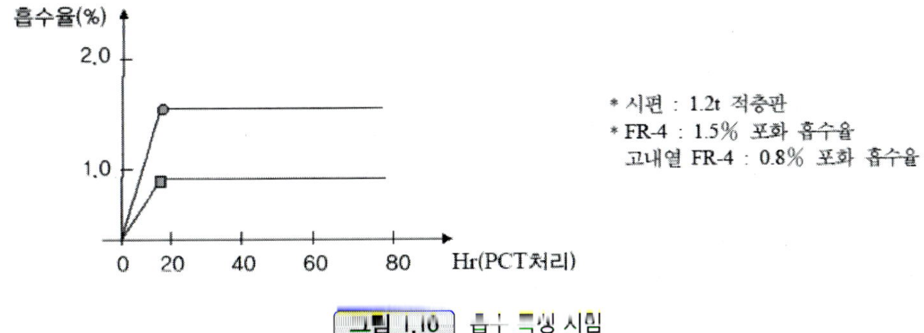

그림 1.10 흡수 특성 시험

위 PCT 시험 결과 그래프를 보면 일반 FR-4의 50% 수준대의 흡수율로 이것은 장기간 사용 시 신뢰성을 보장하고, 공정 진행 시 흡수 처리 공정에서도 훨씬 안정적이라고 할 수 있다.

③ 특성 비교

표 1.4 특성 비교도

항 목		단위	고내열 FR-4	일반 FR-4	고내열 이미드 수지 기판
Tg(DMA)		℃	195	150	185
PCT 포화 흡수율		%	0.8	1.5	1.4
열 분해 온도		℃	321	300	330
난연성			94V−0	94V−0	94V−0
PCT 48시간 열수 추출 불순물	Na+	ppm	3	7	4
	Cl−	ppm	1 이하로 측정 불가	15	60
	도전율	μs	40	133	78

④ 표준 성형 조건

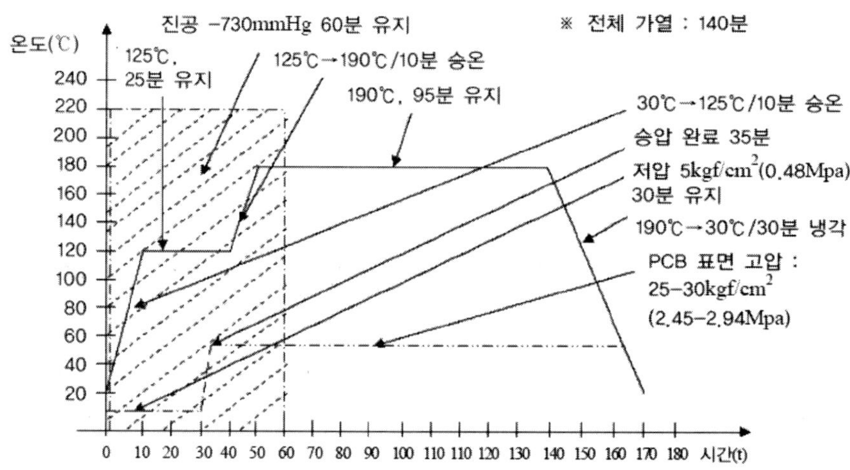

그림 1.17 고내열 FR-4의 적층 Cycle

※ 성형 조건

- craft 지 : 8 ~ 10매
- 성형 Stack PCB 수 : 6 ~ 8매/opening
- PCB 내부 승온률(80→140℃) : 2.0 ~ 2.5℃/분
- 최고 도달 온도 : 175℃ 이상
- 160℃ 이상 유지 시간 : 90분 이상
- 가압 조건 : 제품 내부 온도 70 ~ 90℃ 도달 시 가압
- 진공 조건 : 제품 내부 온도 110 ~ 130℃ 도달 시까지 진공 유지

1.2.1.6 저유전율 FR-4

(1) 특성

- 체적 저항률이 일반 FR-4보다 높다.

- 표면 저항이 일반 FR-4보다 낮다.

- 유전율이 일반 FR-4보다 낮다.

- 유전 정접이 일반 FR-4보다 낮다.

- 절연 저항이 일반 FR-4보다 낮다.

  흡수율이 일반 FR-4보다 높다

- 열을 가한 상태의 굴곡율이 FR-4보다 높다.

- Tg가 150℃(TMA)로 FR-4보다 높다.

- 열 팽창 계수가 FR-4보다 낮다.

- Cu peel Strength는 FR-4보다 낮다.

(2) 저유전율 FR-4 pre-preg

- resin flow가 얇은 P/P에서 낮다.

- gel time은 FR-4 P/P보다 약간 길다.

- 휘발분이 FR-4보다 많다.

(3) 용도

- 컴퓨터용 저유전율 PCB
- 고주파용 PCB

(4) Technical data

① 유전율의 주파수 의존성

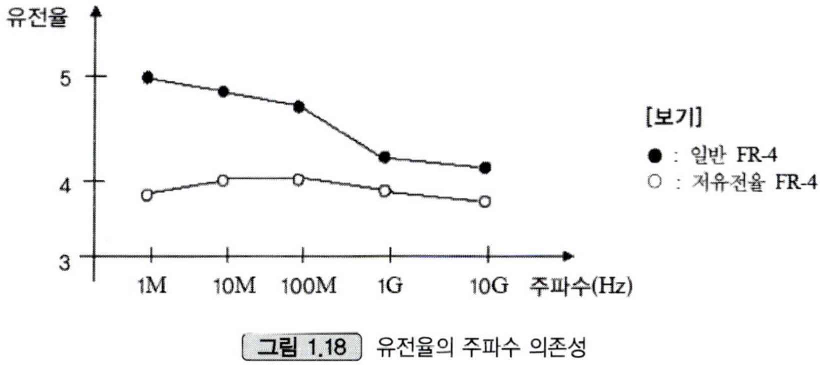

그림 1.18 유전율의 주파수 의존성

② 유전 정접의 주파수 의존성

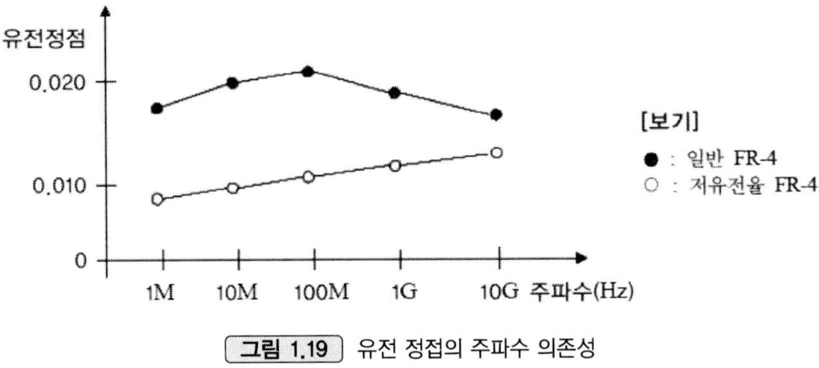

그림 1.19 유전 정접의 주파수 의존성

위 그림 1.18, 1.19에서 보듯이 유전율과 유전 정접은 적용 주파수에 따라 변화하는데, 저유전율 FR-4가 일반 FR-4보다 주파수 변화에 덜 영향을 받는 것을 알 수 있다. 이것은 저유전율 FR-4가 고주파에서 대응이 가능하다는 것과 고속 신호 전송에 훨씬 유리하다는 의미이다.

③ 유전율의 온도 의존성(1GHz)

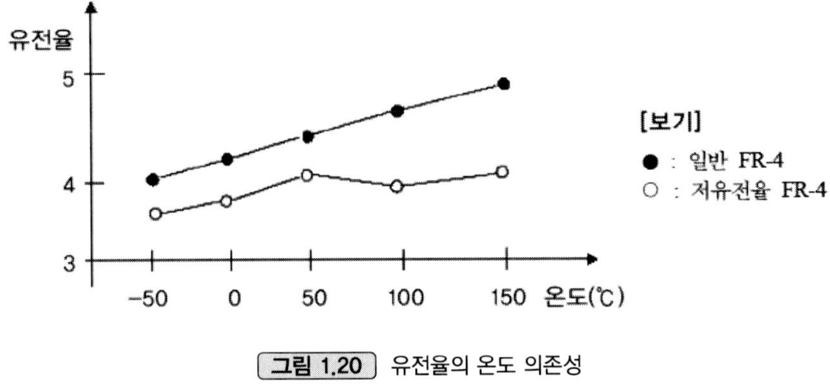

그림 1.20 유전율의 온도 의존성

④ 유전 정접의 온도 의존성(1GHz)

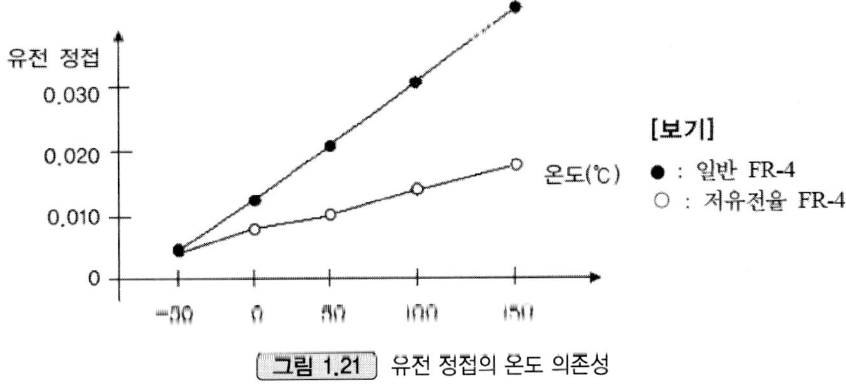

그림 1.21 유전 정접의 온도 의존성

위 그림 1.20, 1.21은 유전율/유전 정접이 외부 온도에 의해 변화하는데, 이것으로 저유전율 FR-4가 일반 FR-4보다 온도의 영향을 덜 받음을 알 수 있다.

⑤ 비유전율의 흡습 의존성(1GHz)

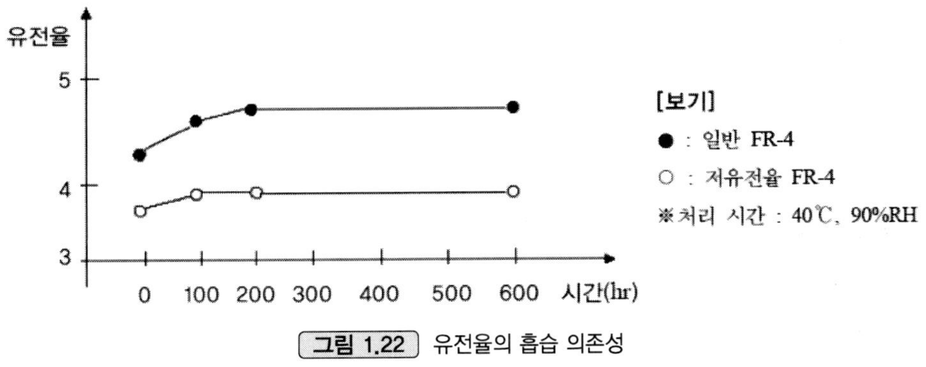

그림 1.22 유전율의 흡습 의존성

⑥ 유전 정접의 흡습 의존성(1GHz)

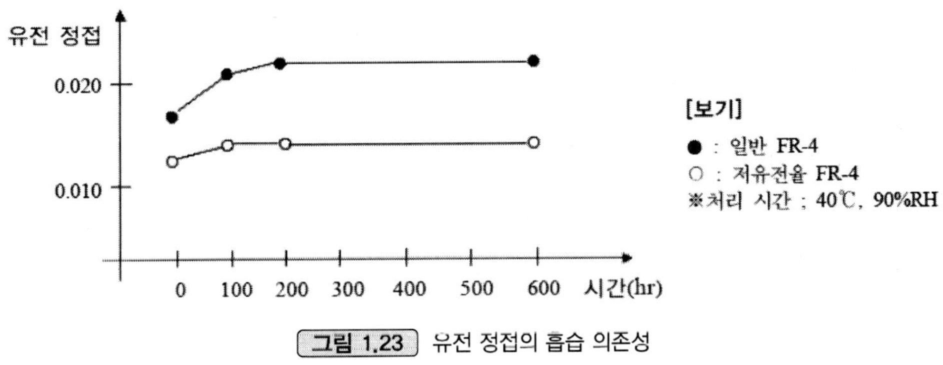

그림 1.23 유전 정접의 흡습 의존성

위 그림 1.22, 1.23은 흡수된 습기에 의해 흡습 영향을 비교한 그래프로서 저유전율 FR-4가 일반 FR-4보다 흡습 영향을 덜 받음을 알 수 있다. 이상에서 보듯이 저유전율 FR-4가 일반 FR-4보다 주파수 변화, 온도 변화, 습도 변화 등에 대해 훨씬 안정성을 보이고 영향을 덜 받으므로 신호 전송에 훨씬 유리함을 알 수 있다.

⑦ 표준 성형 조건

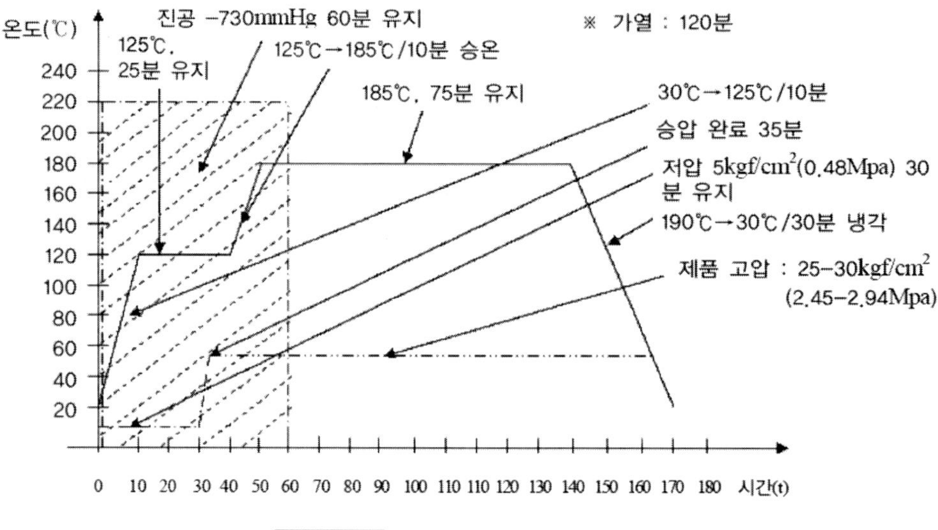

그림 1.24 저유전율 FR-4의 press cycle

※ 성형 조건

  - craft 지 : 8 ~ 10매

  - 성형 PCB 수 :1.6t 10매/opening

  - 제품 내부 승온(80→140℃) : 2.0 ~ 2.5℃/분

  - 160℃ 이상 유지 시간 : 60분 이상

  - 가압 조건 : 제품 내부 온도가 70 ~ 90℃ 도달 시 가압

  - 진공 조건 : 제품 내부 온도가 110 ~ 130℃ 도달 시까지 적용

1.2.1.7 Build up PCB 재료

Build up PCB 재료는 Build up 공법에 관련된 PCB 재료로서 Base resin은 epoxy 수지를 기본으로 한다. 그리고, 그 종류는 크게 어떠한 방식인지에 따라 나눠진다.

(1) RCC(일반) : Vacuum press 방식

① RCC를 이용한 MLB 제조 공법(Build up 공정)

RCC는 Resin Coating로 수지가 Coating된 Cu foil로 Build up 공정에 사용되는 원자재이다.

- 공정 순서 : 내층 회로 제작 → Set → Vacuum press를 거쳐 MLB를 제조한다.
- RCC의 특성
  · 굴곡성이 우수하다.
  · 분진 유출이 없다.
  · Low resin flow
  · 빠른 Lamination
  · 뛰어난 성형 특성을 나타낸다.

② 성형 조건(press 조건)

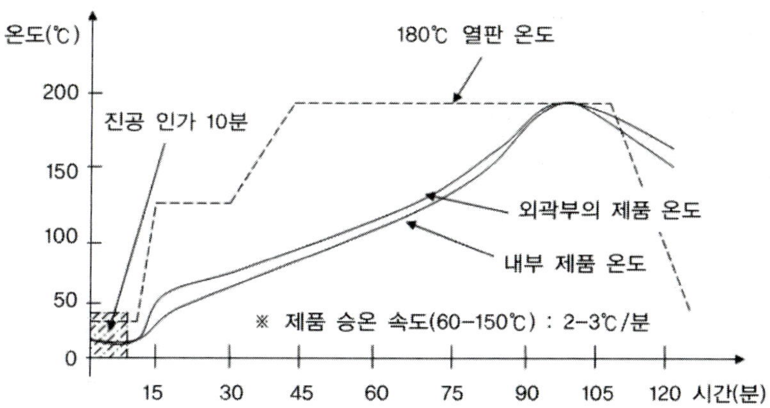

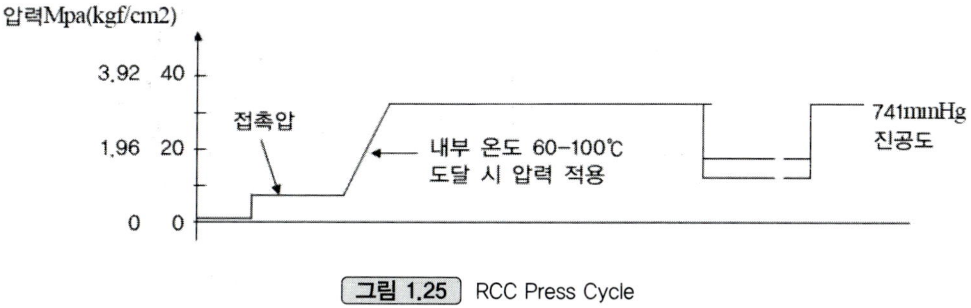

그림 1.25 RCC Press Cycle

※ 주의 사항

- cold start : Hot press 전에 열 판은 50℃ 이하로 냉각이 필요하다.
- 진공 인가는 압력과 온도 적용 전에 완료해야 한다.

③ 재료 성상 & 물성

 RCC 성상/물성표

	항목	단위	
RCC성상	Cu foil 두께	μm	12.18
	절연 수지 두께	μm	40~80
	Tg (TMA)	℃	125℃
경화물 물성	열 팽창 계수 α_1 α_2	ppm/℃	60 180
	난연성		V−0

④ RCC 적용된 4층 PCB의 일반 특성 & 신뢰성

- 유전율이 3.6 정도로 일반 FR-4보다 낮다.

- 표면 평활성(최대 요철량)이 FR-4보다 낮다(평활성 우수).

- 층 간 절연성이 $1 \times 1012\,\Omega$ 정도로 FR-4($1 \times 1011\,\Omega$)보다 높다.

- 회로 간 절연성이 $1 \times 1012\,\Omega$ 정도로 FR-4($1 \times 1011\,\Omega$)보다 높다.

- 층 간격이 65μm정도로 일반 FR-4(min 100μm)보다 얇다..

⑤ RCC의 유전율/유전 정접(20℃)

측정 주파수(GHz)	유전율	유전 정접
1	3.11	0.026
2	3.09	0.026
4	3.07	0.024
10	3.06	0.019

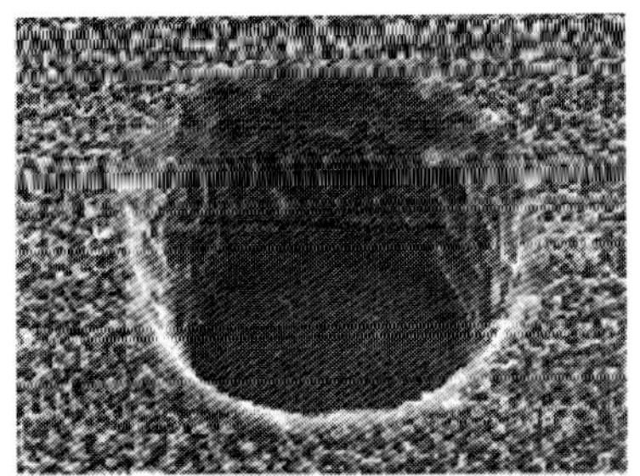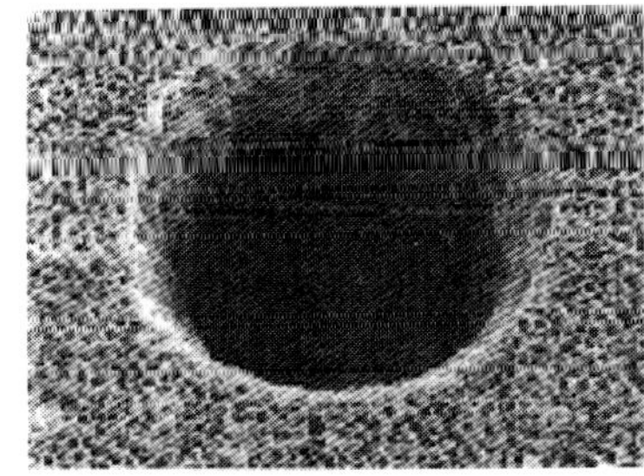

RCC 적층 후 etching에 의해 Cu foil 제거 후 Laser 드릴 및 Desmear 처리된 Via hole의 사진

(2) high Tg RCC

① 재료 성상/물성

- 동박 두께 : 12, 18μm
- 절연층 두께 : 40 ~ 80μm

② 경화물 물성

- Tg가 175℃(TMA)로 일반 RCC보다 높다.
- 열 팽창 계수가 α일 때 35ppm/℃, α일 때 135ppm/℃로 일반 RCC보다 낮다.
- peel strength는 일반 RCC와 거의 동일하다.
- 도금 후 peel strength는 1.0KN/m(20μm) 정도이다.
- 영률(Young's modulus)은 4,600N/mm^2 정도이다.
- 인장 강도는 85N/mm^2 정도이다.
- 파단 신장율은 2.4% 정도이다.
- 체적 저항율은 3.7×1015 Ω·cm 정도이다.
- 층 간 내전압은 2KV 이상으로 일반 RCC와 거의 동일하다.

③ 유전율 & 유전 정접

처리 조건	주파수(GHz)	유전율	유전 정접
일반적	1	3.3	0.017
	2	3.3	0.018
	10	3.3	0.018
250℃, 30분	1	3.2	0.013
	2	3.2	0.014
	10	3.2	0.015

④ 열 적용 시 탄성률

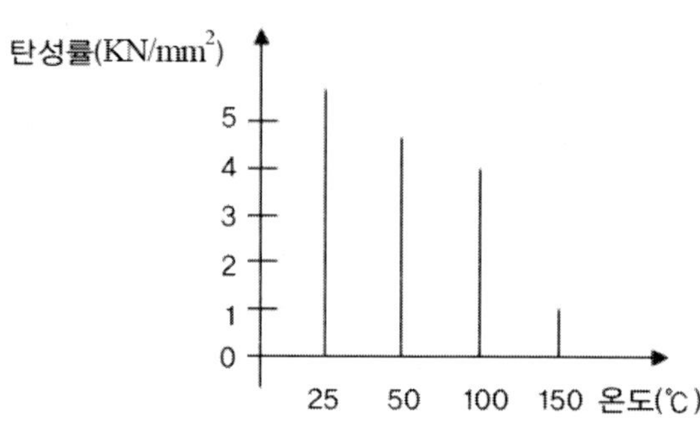

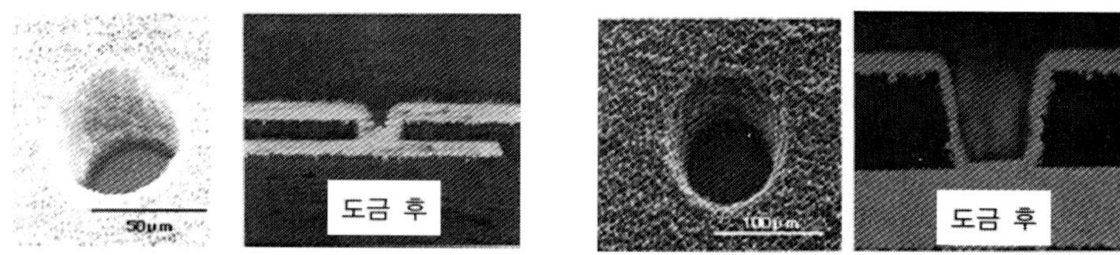

그림 1.27 열 적용 시 탄성률

그림 1.28 high Tg RCC 적층 후 etching에 의해 Cu foil이 제거된 후 Laser 드릴 된 Via hole 및 동도금 후의 Via hole 모습 사진

⑤ 열 적용 시 Cu foil의 peel strength 영향

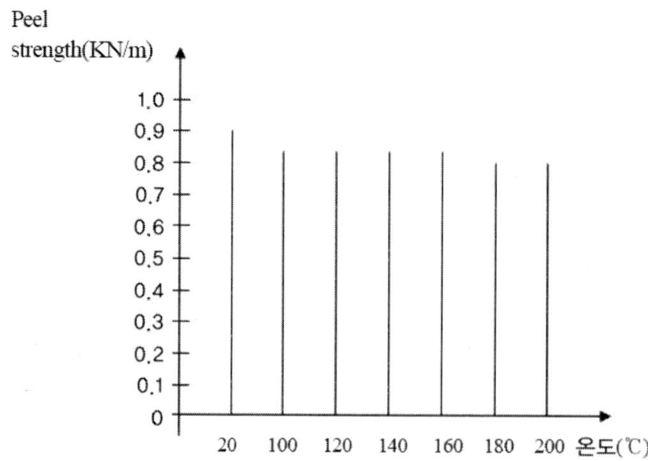

그림 1.29 열 적용 시 Cu foil peel strength

(3) halogen free RCC

① 재료 성성

- 동박 두께 : 12, 18μm
- 절연 층 두께 : 40 ~ 80μm

② 경화물 물성

- Tg가 160℃ 정도로 일반 RCC보다 높다.
- 열팽창 계수가 α_1 일 때 40ppm/℃, α_2 일 때 140ppm/℃ 정도로 일반 RCC보다 낮다.
- peel strength가 일반 RCC, high Tg RCC보다 높다(18μm).
- 도금(20μm) 후 peel strength는 high Tg RCC와 거의 동일하다.
- Young률은 4200N/mm 정도이다.
- 인장 강도는 high Tg RCC보다 높다(약 95N/mm^2).
- 파단 신장률은 4.2% 정도로 high Tg RCC보다 높다.
- 체적 저항률은 high Tg RCC와 거의 동일하다.

③ 유전율, 유전 정접

처리 조건	주파수(GHz)	유전율	유전 정접
일반적	1	3.2	0.014
	2	3.2	0.016
	10	3.1	0.014
250℃, 30분	1	3.1	0.012
	2	3.1	0.011
	10	3.1	0.010

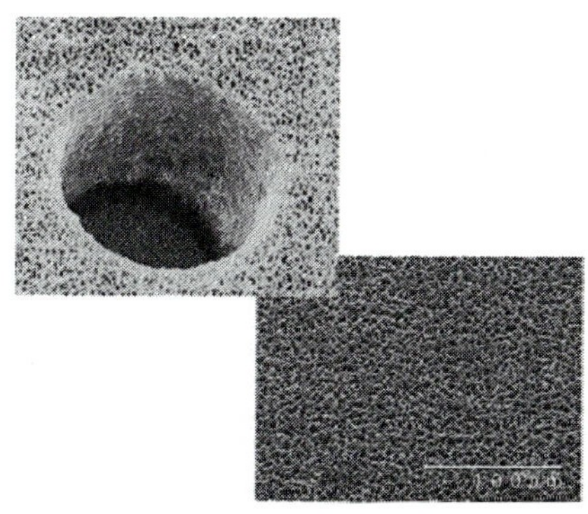

그림 1.30   halogen free RCC 적층 후 etching 하여 Cu foil을 제거한 상태에서 Laser 드릴 및 Desmear 처리를 한 후의 Via hole 모습 사진

④ halogen free RCC의 적층 추천 조

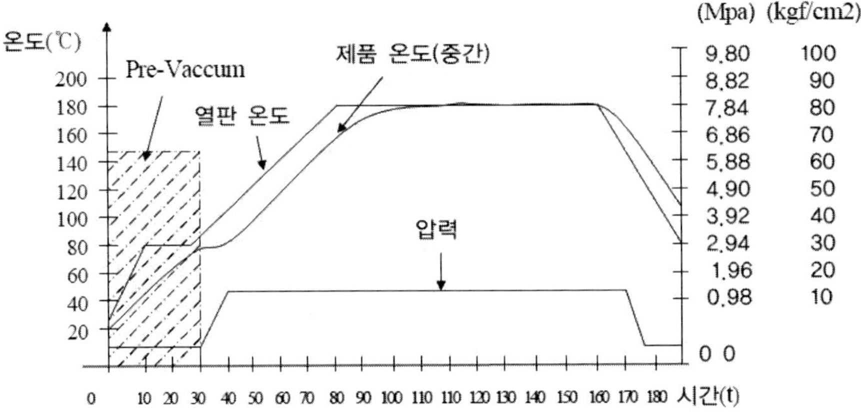

그림 1.31 halogen free RCC Press Cycle

(3) RCC(Roll Lamination 방식)

① Build up process

내층 회로 형성 → Silk Sreen 방식에 의한 기판 전면 인쇄

(undercoat 절연체 ; 점도 약 20 poise)

→ U.V 건조 → RCC roll Lamination(roll 온도 ; 90 ˜ 100℃, 속도 ; 0.5 ˜ 2.0m/분, 압력 ; 2-4kgf/㎠)

→ 열 경화(100℃, 15분＋120℃, 15분＋150℃, 15분)

→ 적층판 완성 → 외층 공정과 동일하게 진행

② 용도

- Laser Via Build up 다층 기판

- 초박판 다층 기판

③ 재료 성상, 물성

표 1.6 Roll Lamination RCC 성상/물성

	항목	단위	물성
under coat 수지 복합물	성상		두 개 paste
	Type		2액성 (수지＋경화제)
	점도(25℃)	poise	25
경화물성	Tg(TMA)	℃	155
	열 팽창 계수 α_1 α_2	ppm/℃	55 180
	난연성		V−0
RCC 성상	성상		roll
	동박 두께	μm	18
	절연층 두께	μm	40
경화물 물성	Tg(TMA)	℃	125
	열 팽창 계수 α_1 α_2	ppm/℃	60 160

④ 4층 MLB 적용 시 일반 특성 및 신뢰성

　- 유전율이 일반 FR-4보다 낮다. (약 3.6)

　- 유전 정접은 일반 FR-4와 거의 동일하다(1MHz적용 시).

　- 층간 두께가 일반 FR-4보다 얇다(약 65μm).

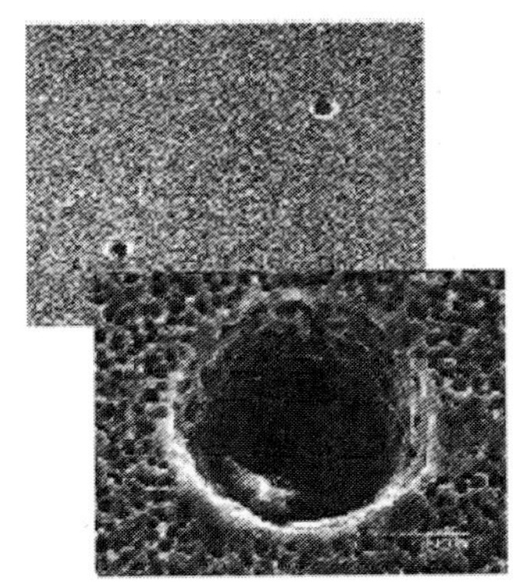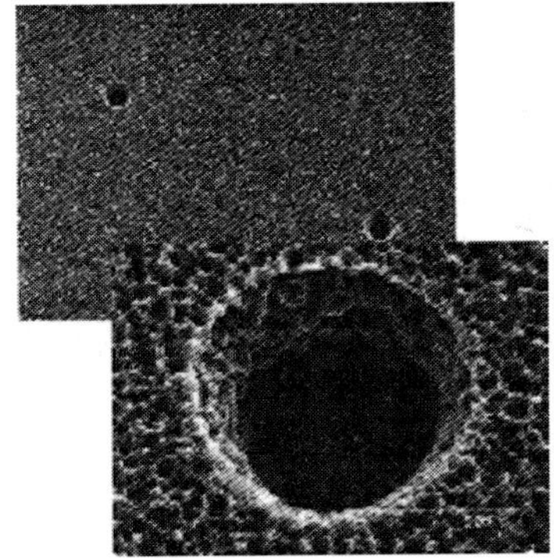

그림 1.22 Roll type의 RCC 적용 후 etching 후 Laser 드릴 및 Desmear 처리 후 Via hole 사진

⑤ Roll Type RCC의 유전율 & 유전 정접(20℃)

측정 주파수(GHz)	유전율	유전 정접
1	3.15	0.029
2	3.14	0.028
4	3.11	0.027
10	3.07	0.021

⑥ Desmear 처리 조건별 peel strength 비교

디스미어 처리 조건	동박 조도 사용	광택수 지면(표면 연마)
5분	1.1KN/m	0.6KN/m
7분	1.1KN/m	0.8KN/m
10분	1.2KN/m	1.0KN/m
10분×2회	1.3KN/m	1.0KN/m
10분×3회	1.3KN/m	1.0KN/m

1.2.2 Epoxy resin CCL (양/단면용)

여기서는 에폭시 수지의 CCL 중 양면, 단면용 저가의 CCL인 CEM-3 CCL에 대해서 그 특성과 물성들에 대해서 알아본다.

1.2.2.1 에폭시 수지 CCL의 일반 특성 비교

표 1.7 CEM-3 및 FR-4 특성 비교표

시험 항목	단위	처리 조건	FR-4	CEM-3
솔더 내열성	초	260℃	120 이상	120 이상
peel strength (35㎛ Cu foil)	KN/m (kgf/cm)	A	2.0	2.0
		S-260℃, 20초	2.0	2.0
		E-1/125	1.2	1.2

굴곡 강도	Lengthwise	N/mm^2	A	539(55)	421(43)
	Crosswise	(kgf/mm^2)		470(48)	314(32)
체적 저항률		Ω·cm	C-96/20/65	1×10^{15}	1×10^{15}
Cu foil 제거면 표면 저항		Ω	C-96/20/65	1×10^{14}	1×10^{14}
적층판 면의 표면 저항		Ω	C-96/20/65	1×10^{14}	1×10^{14}
절연 저항		Ω	C-96/20/65	1×10^{13}	1×10^{13}
유전율(1MHz)			C-96/20/65	4.5	4.5
유전 정접(1MHz)			C-96/20/65	0.018	0.020
내약품성			3%NaOH, 40% 3분	변화 없음	변화 없음
흡수율		%	E-24/50+D-24/23	0.09	0.09
UL			난연성	94V-0	94V-0
조성			기재(Base)	glass fabric	glass fabric/ Non woven glass fabric
			수지(resin)	epoxy	epoxy

1.2.2.2 기타 특성 비교도

표 1.8 기타 특성 비교표

시험 항목		FR-4	CEM-3
Young률 (N/mm2)	종(L)	25,300	13,500
	횡(C)	21,900	12,200
poisson률	종(L)	0.20	0.26
	횡(C)	0.17	0.23
착화 온도(℃)		605~611	586~592
타발 저항(N/mm^2)		115~120	100~105
인발 저항(N/mm^2)		32~40	35~40
열 팽창 계수 (ppm/℃)	종(L)	1.3	2.0
	횡(C)	1.4	2.4

1.2.2.3 CEM-3의 특징

1) 특징

- 전기 도통 홀 신뢰성이 FR-4와 거의 동일하다.
- Punching성, V-cut 가공성이 양호, fine pattern 형성이 가능하다.
- 부품 실장 및 배선 가공 시 위치 정밀도가 양호하다.

2) Technical data

① Through hole 신뢰성

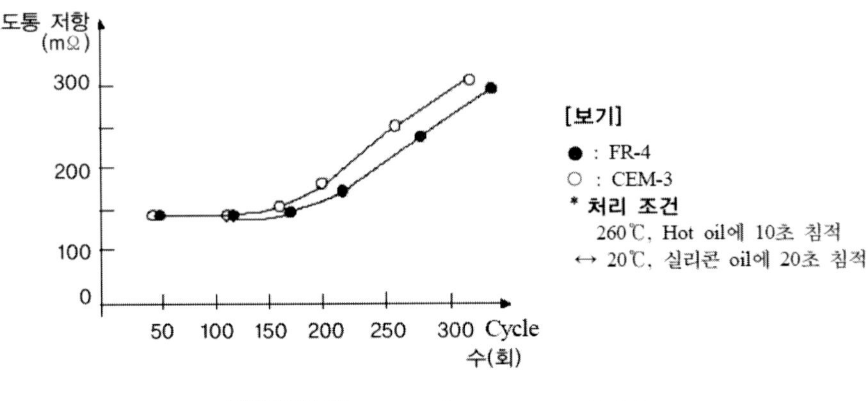

그림 1.33 CEM-3의 Through hole 신뢰성

위 그림 1.33에서 보면 CEM-3의 Through hole 신뢰성이 FR-4와 비교했을 때 큰 차이가 없을 정도로 안정적인 것을 알 수 있다.

② creep resistance(내 creep(변형)성)

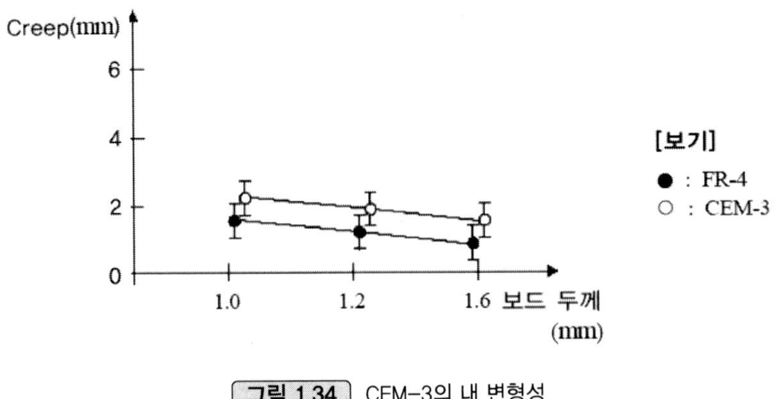

그림 1.34 CEM-3의 내 변형성

위 그림 1.34에서 내 변형성 그래프를 보면 CEM-3가 FR-4에 비해 약간 변형성이 높지
마 큰 차이가 나는 것은 아니다. 또한, 보드 두께가 얇을수록 변형성이 높은 것을 알 수
있다.

③ Tg ; 150℃(점탄성법)

④ 내 Tracking 특성 CEM-3
   - IEC법(내 Tracking성)

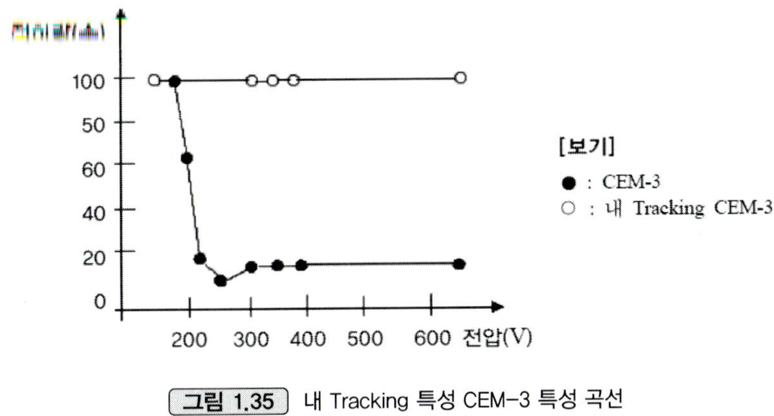

그림 1.35 내 Tracking 특성 CEM-3 특성 곡선

위 그림 1.35에서 보듯이 내 Tracking성 CEM-3가 일반 CEM-3보다 내 Tracking성이 현
저히 우수한 것을 알 수 있다.

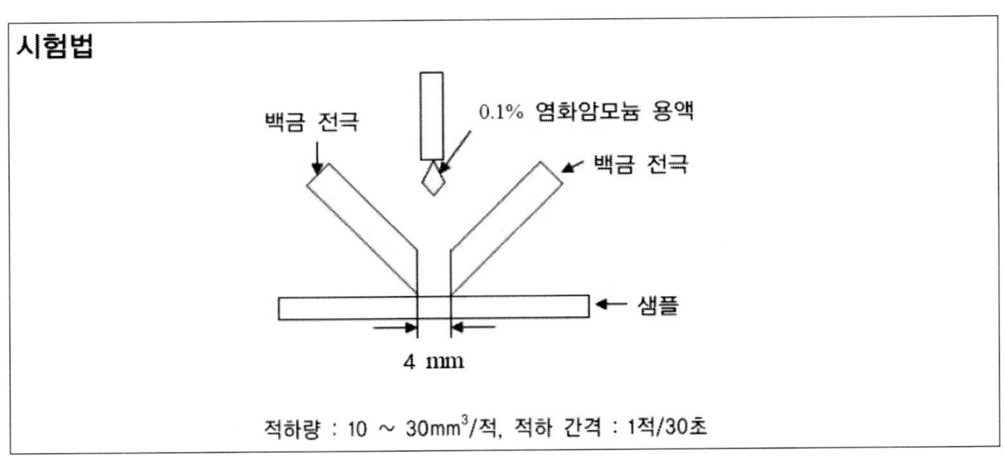

그림 1.36 내 Tracking성 시험법

⑤ U.V 차폐 CEM-3 특성

- 자외선(U.V) 차폐 특성

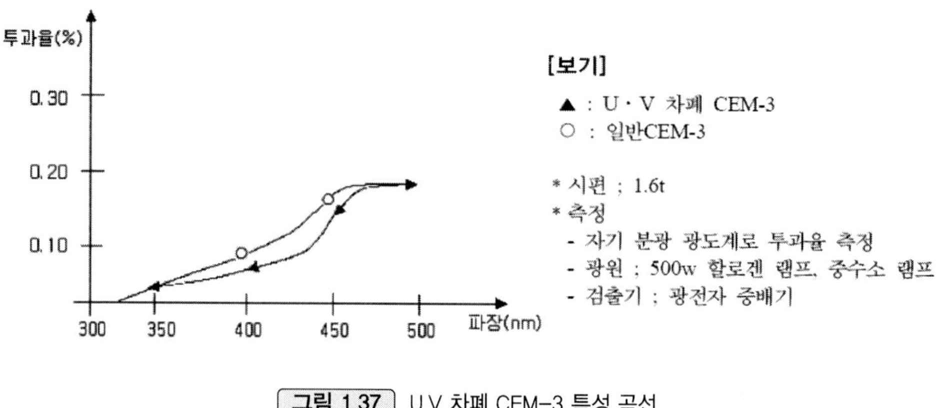

그림 1.37 U.V 차폐 CEM-3 특성 곡선

위 그림 1.37에서 보면 U.V 차폐 CEM-3 기판이 동일 조건에서 일반 CEM-3보다 투과율이 적게 나타남으로써 이면 노광에 대한 불량을 줄일 수 있음을 알 수 있다.

표 1.9 양면 동시 노광성

광원 Solder resist	metal halide	초고압 수은
알카리 현상 type	○	○
용제 현상 type	○	○

판정 기준 : 현상 후 이면에 resist 잔사(미노광 부위)가 없어야 한다.

가공 조건 : - 전면 etching으로 절연체 노출

- S/R 막 두께 ; 15 ~ 20㎛

- 노광기 ; 초고압 수은등 ~ 5Kw × 2정, 메탈할라이드등 ~ 7Kw × 2정

- 노광량 ; 800mJ/cm^2

- S/R ; Taiyo ink

⑥ Halogen free CEM-3 특성
  - halogen/antimony 함유량

 halogen free CEM-3와 일반 CEM-3의 halogen 함유량 비교표

성분	halogen free CEM-3	일반 CEM-3
Br	0.09% 이하	약 5%
Cl	0.05% 이하	0.01% 이하
Sb	검출 안 됨	검출 안 됨

  - 일반적인 특성

 halogen free CEM-3 일반 특성   (1.6t, 35/35㎛ Cu)

항목	처리	단위	H・f CEM-3	일반 CEM-3
UL 난연성	A		97V-0	94V-0
내 Tracking성(IEC)	A	V	600	200
솔더 내열성(260℃)	PCT-0.5	초	120초 이상	120초 이상
Peel strength	A	KN/m	1.7	2.0
굴곡 강도(횡방향)	A	N/mm^2	314	314
흡수율	E-24/50+D-24/23	%	0.09	0.09
유전율(1MHz)	A	—	4.5	4.5
	D-24/23		4.6	4.6
유전 정접(1MHz)	A	—	0.020	0.020
	D-24/23		0.022	0.022
절연 저항	C-96/20/65	Ω	1×1013	1×1013
	D-2/100		1×1012	1×1012
체적 저항률	C-96/35/90	Ω·cm	1×1014	1×1014
	D-96/40/90		5×1014	5×1014

- IEC법 내 Tracking성

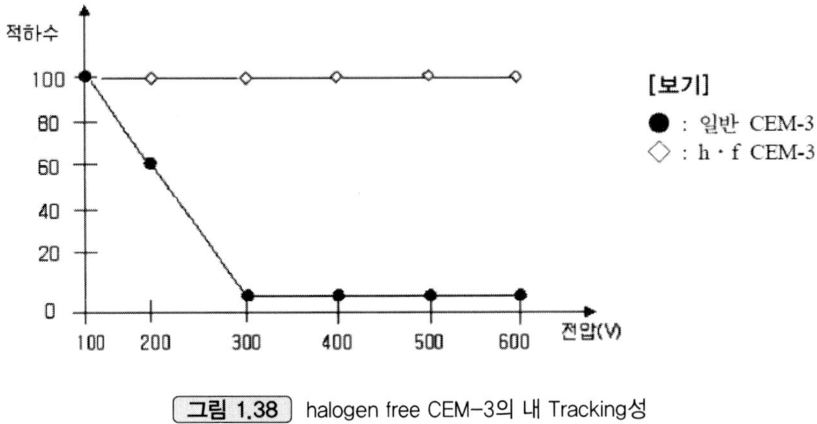

그림 1.38 halogen free CEM-3의 내 Tracking성

1.2.3 페놀 수지 CCL

여기에서는 주로 단면 PCB에 많이 적용되는 페놀 수지 CCL에 대해서 알아본다.

1.2.3.1 일반적 특성 비교

표 1.12 페놀 수지의 일반적 특성 비교표

시험 항목		단위	처리 조건	일반 페놀 (FR-1)	내Tracking 페놀(FR-1)	ST·H용 페놀(FR-1)	halogen free 페놀(FR-1)	h·f+S.T.H 페놀(FR-1)
솔더 내열성		초	260℃	25	25	50	25	48
peel strength (35μmCu foil)		KN/m	A	2.1	2.1	2.1	2.1	2.1
		kgf/cm	S-260, 5초	2.1	2.1	2.1	2.1	2.1
			E-1/105	0.9	0.9	1.0	0.9	1.0
굴곡 강도	횡(L)	N/mm² (kgf/mm²)	A	167	157	160	159	165
	종(C)			157	147	160	155	160
체적 저항률		Ω·cm	C-96/20/65	3×10^{13}	3×10^{13}	6×10^{13}	3×10^{13}	8×10^{13}
			C-96/40/90	5×10^{12}	5×10^{12}	1×10^{13}	5×10^{12}	1×10^{13}
접착 제면 표면 저항		Ω	C-96/20/65	5×10^{12}	5×10^{12}	1×10^{13}	5×10^{12}	1×10^{13}
			C-96/40/90	5×10^{11}	5×10^{11}	5×10^{11}	5×10^{11}	5×10^{11}
절연 저항		Ω	C-96/20/65	5×10^{12}	5×10^{12}	5×10^{12}	5×10^{12}	5×10^{12}
			D-2/100	1×10^{9}	1×10^{9}	2×10^{10}	1×10^{9}	2×10^{10}
적층판 면		Ω	C-96/20/65	2×10^{12}	2×10^{12}	1×10^{12}	2×10^{12}	—

표면 저항		C-96/40/90	6×109	6×109	1×1010	5×109	−
유전율(1MHz)	−	C-96/20/65	4.5	4.5	4.6	4.7	4.6
		D-24/23	4.8	4.8	4.7	4.9	4.7
		D-48/50	5.3	5.2	5.0	5.3	5.0
유전 정접(1MHz)	−	C-96/20/65	0.038	0.038	0.036	0.038	0.036
		D-24/23	0.040	0.041	0.039	0.040	0.039
		D-48/50	0.053	0.052	0.040	0.052	0.040
내 약품성	−	3%NaOH, 40℃, 3분	변화×	변화×	변화×	변화×	변화×
흡습율	%	E-24/50+D-24 /20	0.90	0.90	0.05	1.00	0.05
UL		난연성	94V-0	94V-0	94V-0	94V-0	94V-0
조성		기재(Base)	paper	paper	paper	paper	paper
		수지(Resin)	페놀	페놀	페놀	페놀	페놀
타발 온도	℃	−	60-100	60-100	60-100	60-100	60-100

1.2.3.2 기타 특성 비교

표 1.13 기타 특성 비교표

시험 항목		일반 페놀	내 Track 페놀	S.T.H용 페놀	h.f 페놀	S.T.H+H.f페놀
Young's율 (N/mm^2)	횡(L)	9.000	9.000	9.400	9.000	9.400
	종(C)	7.200	7.300	7.900	7.100	7.900
poisson's율	횡(L)	0.36	0.37	0.38	0.38	0.38
	종(C)	0.28	0.29	0.33	0.27	0.33
착화 온도(℃)		493~499	493~499	493~499	493~499	493~499
타발 저항(N/mm^2)		72.0	75.0	80.2	72.0	80.2
인발 저항(N/mm^2)		18.9	18.2	21.4	18.5	21.4
열 팽창 계수 (ppm/℃)	횡(L)	1.52	1.48	1.52	1.50	1.52
	종(C)	2.14	2.10	2.24	2.08	2.24

1.2.3.3 Technical data

1) 일반 페놀 기판

① 제조 공정 시 휨 영향

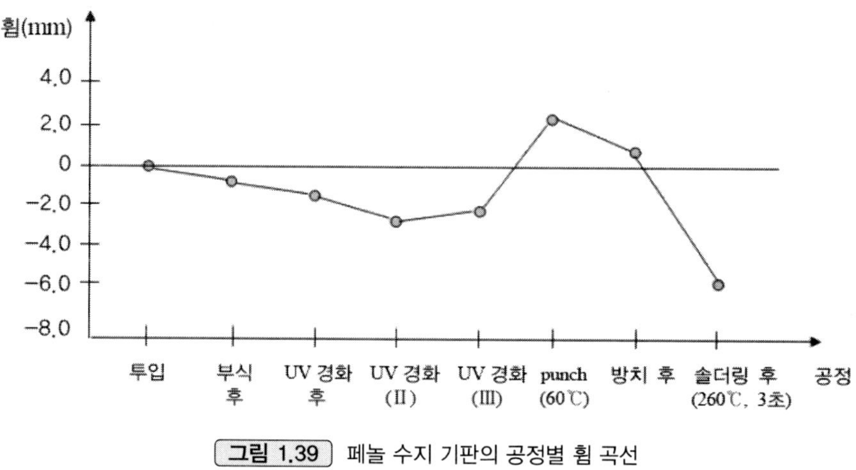

그림 1.39 페놀 수지 기판의 공정별 휨 곡선

위 그림 1.39에서 보듯 열이 주어졌을 때와 punching 등의 가공 시에 심하게 휨을 보이는 부분이 발생하는 것으로 나타났다. 따라서, 이와 관련된 공정 제어 관리를 잘 해 준다면 휨 불량을 상당히 줄일 수 있을 것이다.

② chip 부품의 U.V 경화 및 Soldering 후 휨 영향

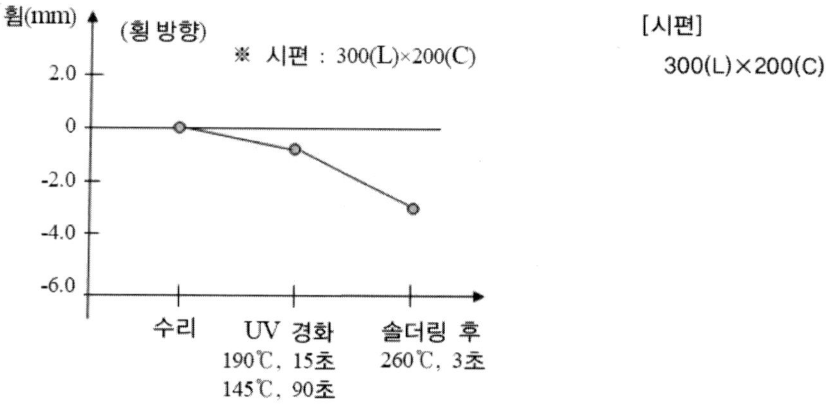

그림 1.40 부품 탑재 후 U.V 경화 및 Soldering 후 휨 곡선

그림 1.40에서 보듯 기판의 횡 방향 및 종 방향 모두에서 U.V 경화와 솔더링 후에 방향의 휨이 발생한 것을 알 수 있다.

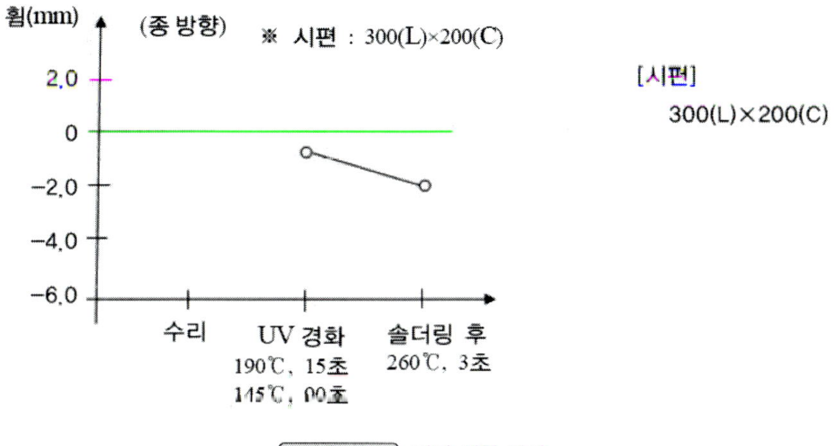

그림 1.41 타발 저항 곡선

③ 타발성

- 타발 가공 온도 범위가 넓고, 고밀도 punching의 품질이 우수하며, 치수 안정성이 우수하다.

- 타발 시 기판 표면 온도는 56℃ ~ 100℃로 유지하는 것이 좋다.

④ 인발 저항/타발 저항

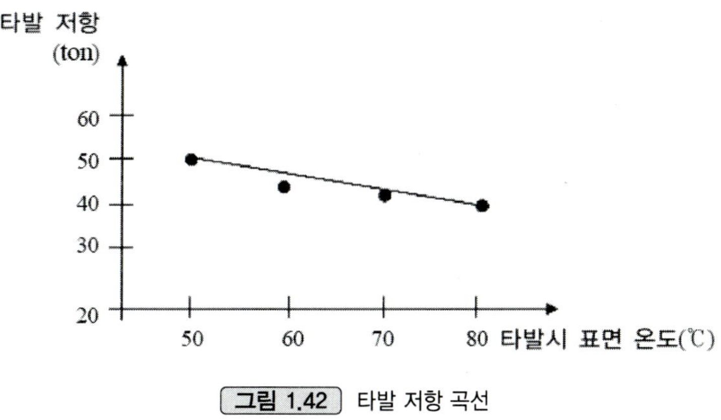

그림 1.42 타발 저항 곡선

[조건]
- 시편 사이즈 : 200X300(mm)
- 홀수 : 1,800holes, clearance 0.1mm

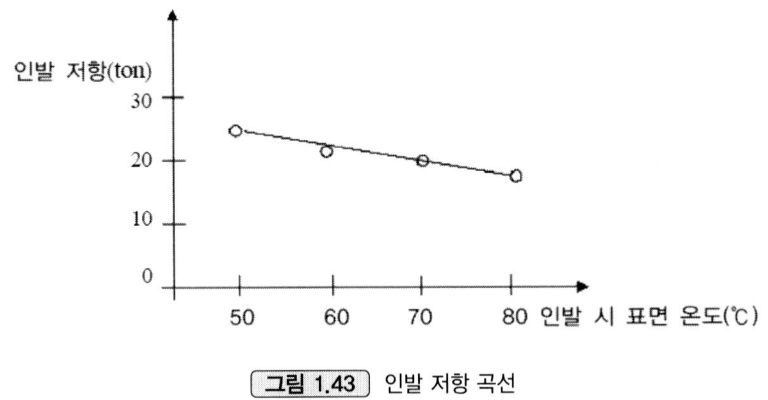

그림 1.43 인발 저항 곡선

위 그림 1.42, 1.43에서 보면 기판의 표면 온도가 올라감에 따라 타발이든 인발이든 가공 시 소요되는 저항은 감소하고 있다. 즉, 가공 시 적절히 기판을 Curing 하여 가공하는 이유가 여기에 있는 것이다.

⑤ 타발 후 홀 ∅ 축소

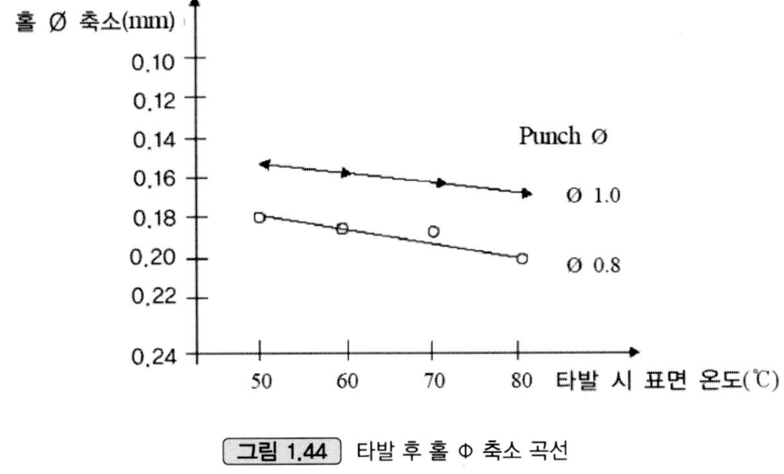

그림 1.44 타발 후 홀 Φ 축소 곡선

그림 1.44 곡선은 타발 가공 시 홀 *∅* 축소 곡선으로 여기서 우리는 타발 시 기판 온도에 따라 홀 *∅* 축소율이 온도에 비례하여 상승하는 것을 알 수 있다. 이것은 기판 온도가 높아짐에 따라 기판이 연질화 되어 동일 *∅* 가공 시 쉽게 타발되면서 가공성이 좋아진다는 것이다.

2) 내 Tracking 성 페놀 수지

일반 페놀 수지보다 Tracking 파괴성을 높인 것으로 현재 많이 사용되고 있나.

① IEC법 내 Tracking성
   - 백금 전극법

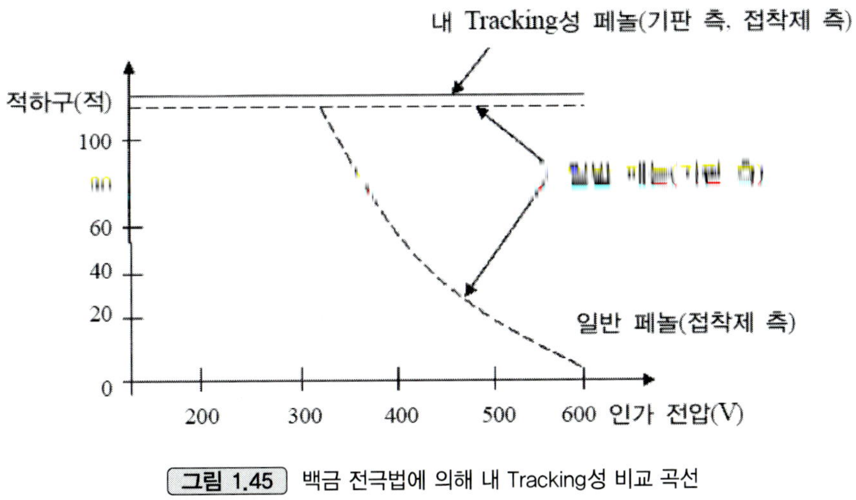

그림 1.45 백금 전극법에 의해 내 Tracking성 비교 곡선

   - 황동 전극법

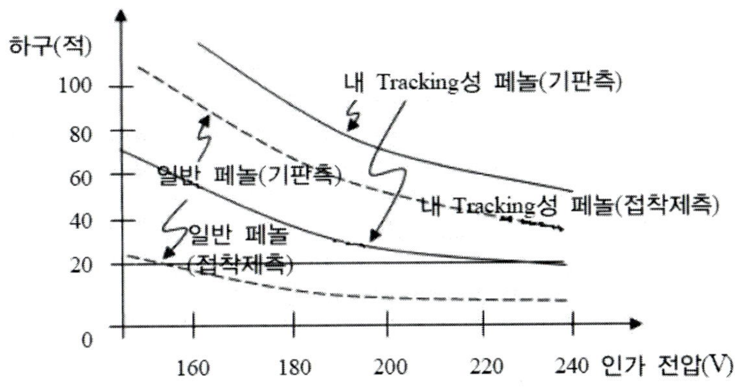

그림 1.46 황동 전극법에 의한 내 Tracking성 비교 곡선

② 실제 회로법

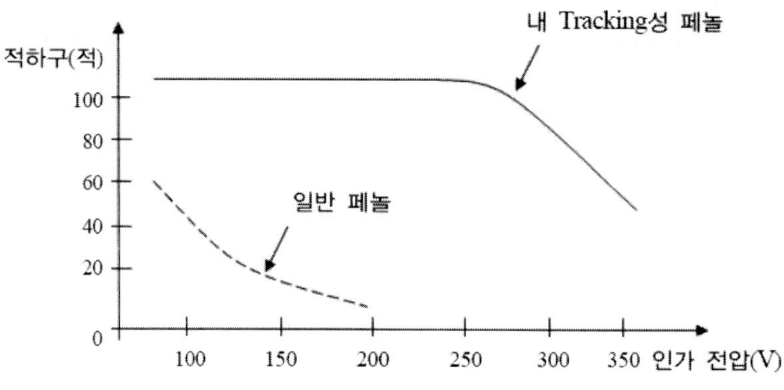

그림 1.47 실제 회로법에 의한 내 Tracking성 비교 곡선

※ 시험 방법

- 적하액 ; 0.1% NH4CL
- 적하량 ; 10-30mg/적
- 적하 간격 ; 1적/30sec
- 전극 ; 동 회로 1mm폭
- 전극 간격 ; 2.0mm
- 단락 전류 ; 1A

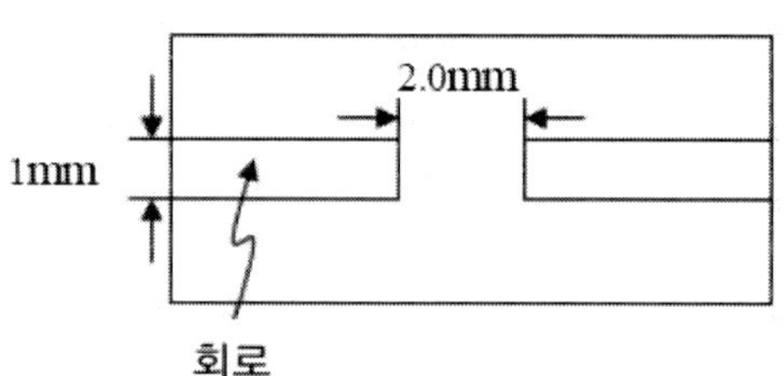

위 그림 1.45, 1.46, 1.47에서 보듯이 내 Tracking성 페놀 수지가 일반 페놀 수지보다 모두 내 Tracking성이 우수한 것을 알 수 있다.

3) S.T.H용 페놀 수지

페놀 수지 CCL 중에는 S.T.H(Silver Through hole)용 페놀 수지가 별도로 있는데, 그 특성은 다음과 같다.

① 고밀도 S.T.H 용도에 최적

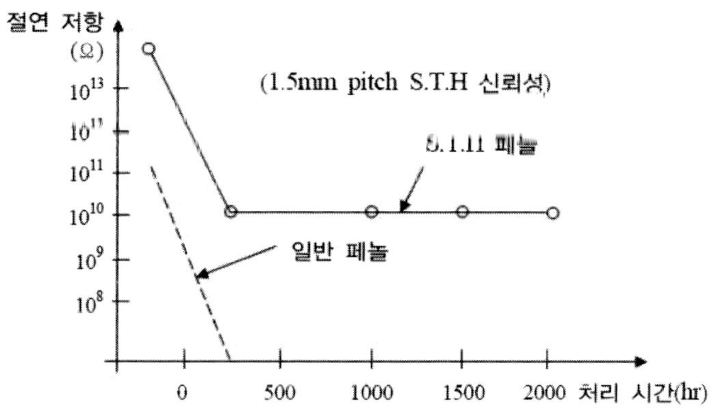

그림 1.48 S.T.H용 페놀 수지와 일반 페놀 수지의 절연 저항 비교표

그림 1.48은 환경 실험으로 온·습도 조건에서 시간 경과에 따라 다른 절연 저항을 측정한 것으로, S.T.H 페놀 수지가 일반 페놀 수지에 비해 절연 저항 치수가 안정적인 것을 알 수 있다.

② 수지 특성

표 1.14 S·T·H용 페놀 수지 특성 비교표

항목		종류	S.T.H 페놀	일반 페놀
절연 저항	D-2/100	Ω	3×1011	4×108
	D-8/100	Ω	1×1010	7×107
PCT-8시간 (121℃, 2기압)	절연 저항	Ω	2×107	2×107
	흡수율	%	2.5	4.5
	보드 두께 팽윤	%	2.7	4.9
PCT 용출량	Na+ 이온	ppm	30	150
	Cl-이온	ppm	50	200

4) halogen free 페놀 수지

① 일반 특성

- 내 Tracking성 ; pt 전극 시험법에서 600V+CTI 정도 된다.

- 공정간 휨 정도

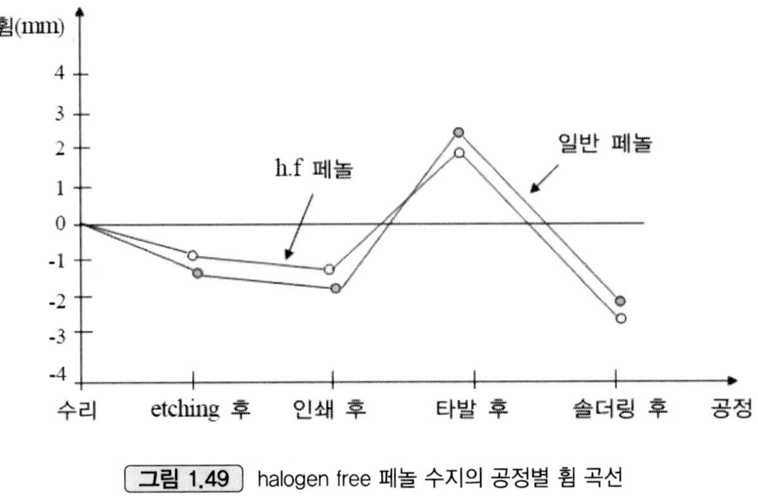

그림 1.49 halogen free 페놀 수지의 공정별 휨 곡선

그림 1.49에서 보듯 halogen free 페놀 수지가 일반 페놀 수지보다 휨의 정도가 적은 것을 알 수 있다.

5) halogen free+S.T.H용 페놀 수지

① 고밀도 S.T.H 용도

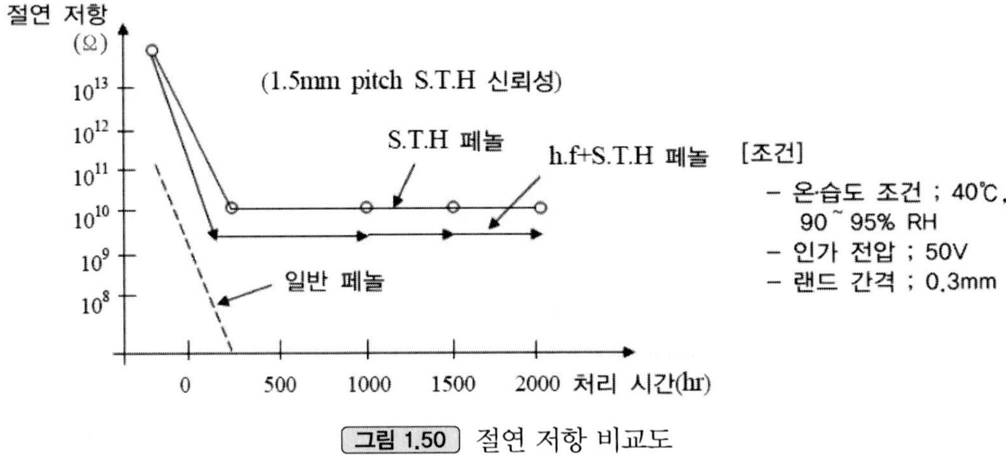

그림 1.50 절연 저항 비교도

그림 1.50에서 보듯 halogen free + S.T.H용 페놀 수지의 처리 시간 변화에 따른 절연 저항 변화치는 일반 페놀 수지와 S.T.H 페놀 수지 사이에서 형성됨을 알 수 있다.

Cu foil은 CCL에 덮혀 있는 도체 금속으로 PCB의 회로를 형성하는 Base material로서 여러 금속 중에서 전기 전도성, 가공성 등을 고려하여 Cu foil로 형성되어 있다. 여기서는 Cu foil의 종류, 동박의 발전 방향들에 대해 논하였다

1.3.1 전해 동박

1.3.1.1 전해 동박의 개념

1) 용도 : 인쇄 회로 기판에 형성되는 도선의 재료로 사용된다.

2) 동박의 종류(제조 방법의 분류)

　① 압연 동박

　　- 압연한 동박을 표면 처리하여 사용한 것이다.

　② 전해동박

　　- 전기 도금 방식으로 제조한 동박을 말한다.

　　- 인쇄 회로 기판용으로서 특성이 우수하다.

　　- 대부분의 인쇄 회로 기판에서 사용된다.

1.3.1.2　전해 동박의 제조 방법(제박)

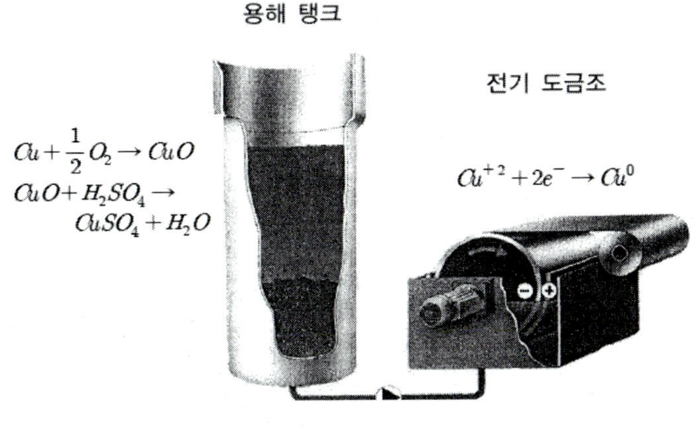

그림 1.51　전해동박 제조도

위 그림 1.51에서 보듯이 전해 동박은 전해 동도금을 응용하여 회전하는 원통의 안·밖에 +, −
전류를 흘려서 공급된 Cu 도금액의 산화 ($Cu° {\rightarrow} Cu^{2+}+2e^-$)와 환원($Cu^{2+}+2e^- {\rightarrow} Cu°$)의 연속적인
화학 반응에 의해 원통에 $Cu°$가 석출되면서 Cu foil을 두께별로 생산하는 원리임을 알 수 있다.

1.3.1.3 제박 공정의 관리 항목

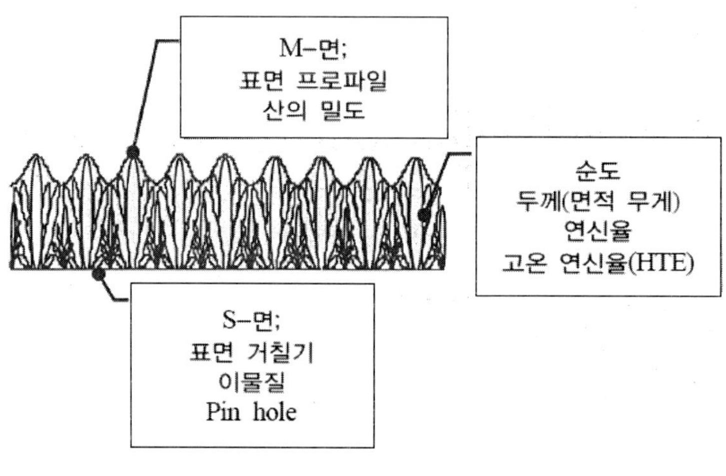

그림 1.52 전해 동박의 단면 구조 및 관리 항목

그림 1.52에서 M면(matte면)은 표면의 거칠기, 산의 밀도 등이, S면(shiny면)은 표면 거칠기,
이물질 유·무, pin hole 유·무 등이 중요한 관리 항목으로 관리되어야 한다. Cu의 물성적인 측
면은 순도, 두께(㎛), 인장 강도, 연신율(elongation) 특히, 고온 연신율 등이 주요 품질 관리 항
목이다.

1.3.1.4 전해 동박의 제조 방법(표면 처리)

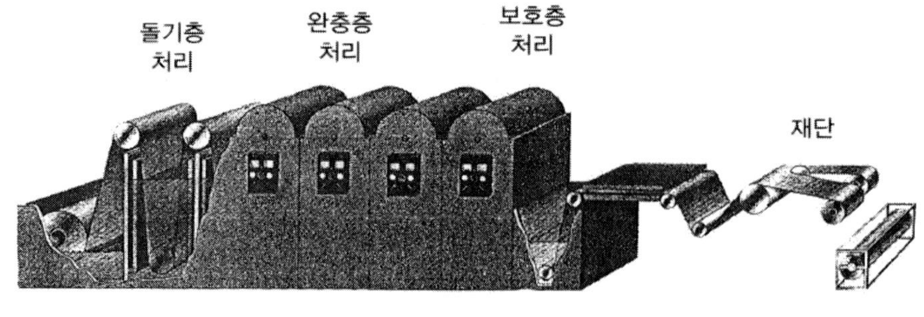

그림 1.53 전해 동박 제조 공정

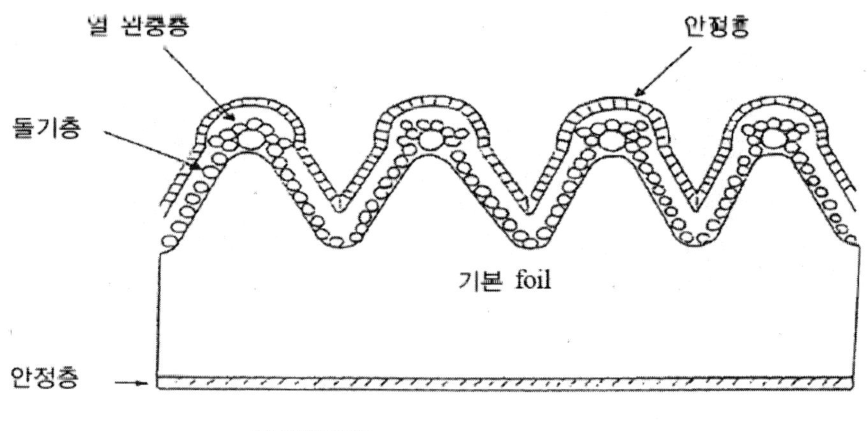

그림 1.54 전해 동박 표면 처리 단면도

① Nodule Layer(돌 층)

pre-preg(Bonding Sheet)와 적층 시 기계적 접착력을 유지/강화시키는 역할을 한다.

② Thermal Barrier Layer(열 완충층)

적층 시 받게 되는 열 쇼크 방지와 고온 적용 시 안정성을 증대시키며, Cu 이온의 확산을 방지하는 역할을 한다.

③ Stabilizer Layer(안정층)

pre-preg와의 접착력 강화 및 이송, 보관 중에 발생할 수 있는 산화 방지, 고온 열 press (적층) 시에 열 변색을 근본적으로 방지하는 역할을 한다.

1.3.1.5 전해 동박의 분류 방법

1) IPC 분류 (동박 물성 기준)

① Class1 : Standand Copper foil(STD)

- 표준 Cu foil

② Class2 : high ductility Copper foil(HD)

- 고연신율 Cu foil

③ Class3 : high temperature elongation(HTE)

- 고온 연신율 Cu foil

2) 표면 거칠기 (profile)에 따른 분류

① LP : Low profile foil

- matte면 거칠기가 max 10.2㎛ 이하인 Cu foil

② VLP : very low profile foil

- matte면 거칠기가 max 5.1㎛ 이하인 Cu foil

1.3.2 Cu foil의 기술 발전 동향

1.3.2.1 동박의 슬림(slim)화

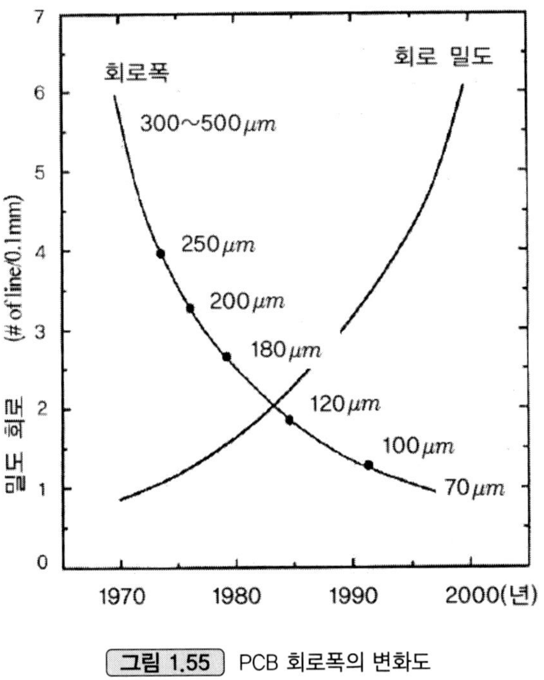

그림 1.55 PCB 회로폭의 변화도

위 그림 1.55에서 보듯이 PCB의 회로폭은 2000년에 들어와서 100㎛ 이하로 얇아지는 추세이며, 이를 달성하기 위해서 Cu foil의 Slim화는 당연시 되고 있다. 즉, 더 얇은 Cu foil이 필요하여 현재 12㎛ 두께의 Cu foil의 수요가 증가하고 있으며, 금후 1㎛ 두께의 극박 동박(UTC : ultra Thin Copper foil)의 도래를 앞두고 있는 실정이다.

표 1.15 인쇄 회로 기판 구성의 기술 추이

기판 구성	언새 밍신 기술	현재 첨단 기술	현재 기술 한계
회로폭	127	76	50
동박 두께	17	9	5

1.3.2.2 동박 슬림화의 목적

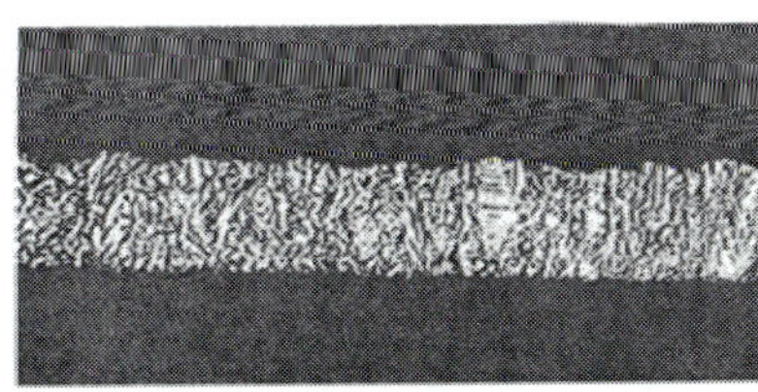

35μm 두꺼운 지지층 없는 Cu foil

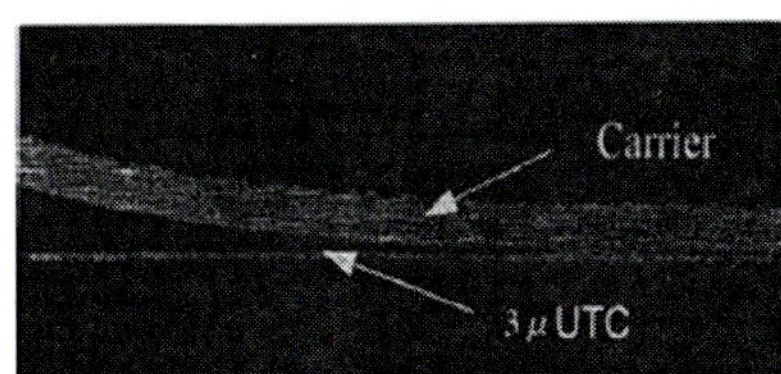

70μm 두꺼운 알루미늄 foil로
지지되어 있는 3μm의 얇은 동박

- 회로 밀도 증대

- 에칭 펙터 향상
  - 회로폭 감소 설계 가능

- 에칭 속도 향상
  - 생산성 증대

- 회로 신뢰도 향상

1) PCB의 회로 밀도가 증대함에 따른 회로폭이 감소하고 있다.

2) fine pattern의 회로폭을 달성하기 위해 etch factor가 향상되어야 한다.

3) under Cut을 줄이기 위해서는 에칭 속도가 빨라져야 한다.(생산성 증대)

4) etch factor가 좋아지고 under Cut이 줄어듬으로써 회로의 신뢰성이 향상된다.

1.3.2.3 동박 슬림화의 배경

1) 에칭 모델 방정식

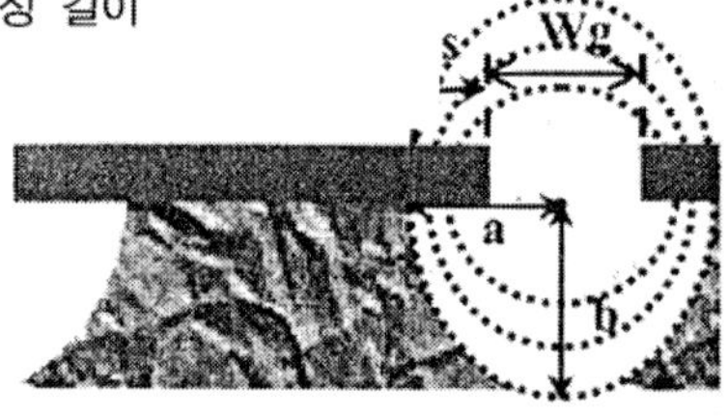

$$\frac{X^2}{a^2} + \frac{y^2}{k^2\,[a - W_g/2]^2} = 1$$

[그림 1.56] 에칭 모델 방정식

2) 시뮬레이션 실험 결과 비교

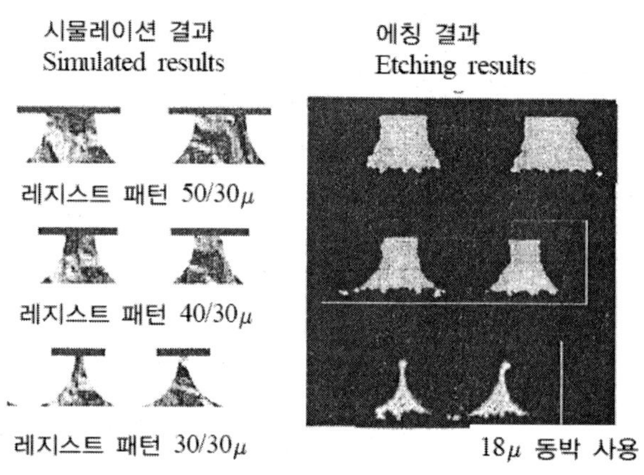

[그림 1.57] 에칭 시뮬레이션 실험 결과

에칭 시뮬레이션 실험 결과에서 보면 18μm두께의 Cu foil을 적용하여 50μm, 40μm, 30μm 회로폭의 에칭 결과 회로폭이 얇아짐에 따라 etching 후 회로폭이 현저히 감소하는 현상을 시뮬레이션 및 실제 에칭 결과 얻을 수 있었다. 즉, 근본적으로 18μm Cu foil로써 50μm/30μm 이하의 회로폭 재현은 어렵다는 것을 알 수 있다.

3) pattern pitch와 허용되는 Cu의 두께와의 관계

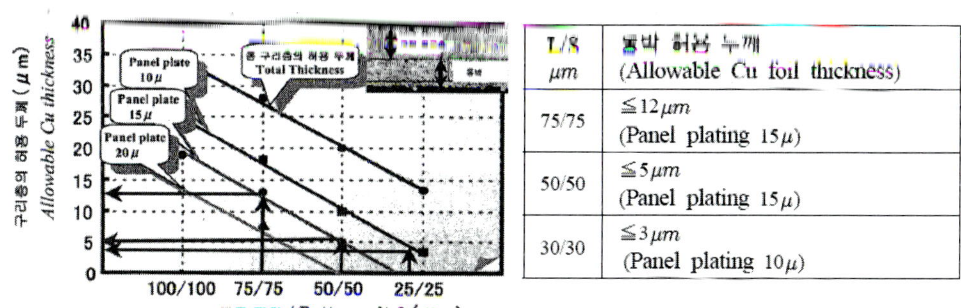

L/S μm	동박 허용 두께 (Allowable Cu foil thickness)
75/75	≦12μm (Panel plating 15μ)
50/50	≦5μm (Panel plating 15μ)
30/30	≦3μm (Panel plating 10μ)

그림 1.58 　회로 피치와 Cu 허용 두께와의 관계도

위 관계도에서 보듯이 Base Cu의 두께는 내층 회로 제작에 있어서 크게 문제가 안 되지만, 외층 회로 제작에 있어서는 전해 동도금 (전기 동도금)의 변수까지 고려하여 사전에 선정이 되어야만 원하는 fine pattern을 얻을 수 있다는 것을 알 수 있다.

1.3.2.4 극박 동박(ultra Thin Cu foil)

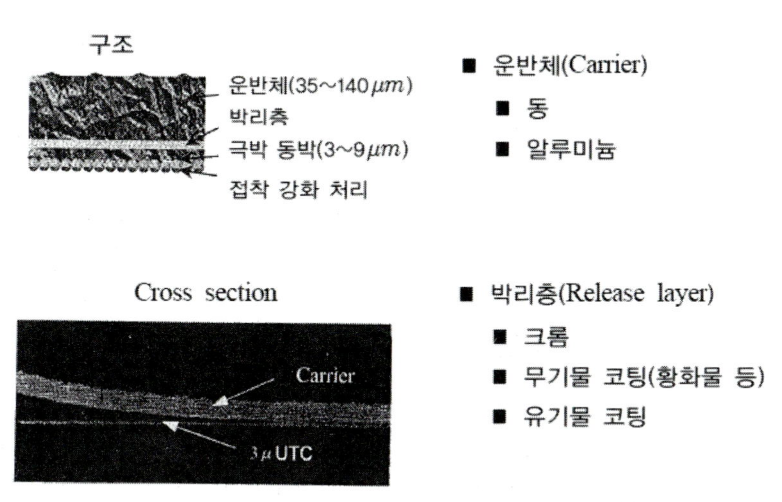

그림 1.59 　극박 동박의 구조

위 그림1.59에서 보면 실제 극박 동박(UTC)은 3~9㎛ 두께의 Cu foil로 취급, 이동 보관시 용이하게 하기 위해서 Carrier 층(주로 Copper 또는 Al으로 35~140㎛)과 Carrier와 UTC 경계면에 release 층을 형성하여, 실제 Lay-up 및 적층 시에 쉽게 벗겨낼 수 있는 구조로 되어 있다.

이 release 층은 주로 Cr, 무기물(황산 등), 유기물로 구성되어 있다. 특이할 만한 것은 UTC의

matte 면에는 Bonding력을 증가시킬 수 있는 접착 강화처리가 되어 있어 강력한 Bonding이 가능토록 되어 있다는 것이다.

1.3.2.5 처리 면에 따른 etch factor의 변화

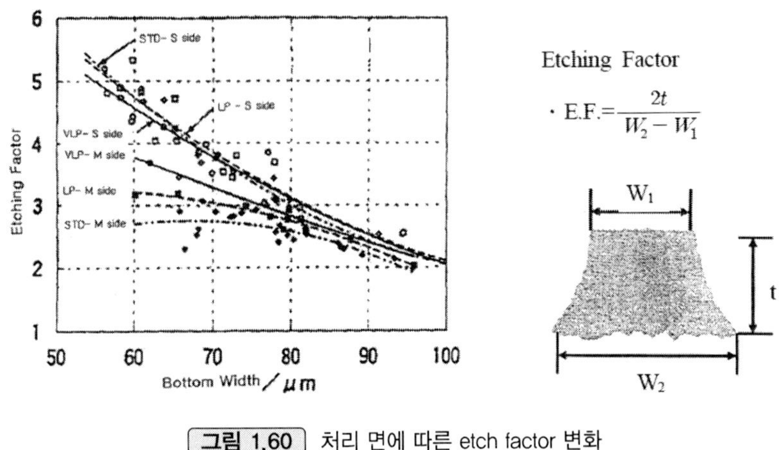

Etching Factor

$$\cdot \ E.F.=\frac{2t}{W_2 - W_1}$$

그림 1.60 처리 면에 따른 etch factor 변화

위 그림 1.60에서 보면 같은 동박이라고 하더라도 matte 면과 shinny 면의 etch factor가 다름을 알 수 있고, 일반적으로 shinny 면의 etch factor가 matte 면보다 높음을 알 수 있다. 이것은 matte 면의 profile이 크면 클수록 fine pattern 형성에 취약하다는 것을 의미한다. 그래서 다음 소개하는 reverse Treat Cu foil이 나오게 된 것이다.

1.3.2.6 RT(Reverse Treat) Cu foil

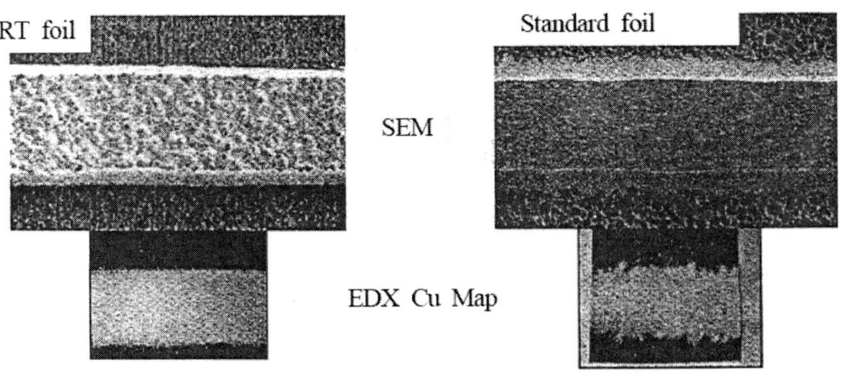

그림 1.61 RT와 일반 Cu foil의 회로 형성 모습

위 사진에서 보면 RT Cu foil은 낮은 profile의 Bonding 면 덕분에 일반 Cu foil과 etching 후 회로 아래 부분을 비교해 본 결과 현저한 차이를 보이고 있다.

이것은 fine pattern 형성에서 중요한 인자로 사용하며 아울러 고주파 외로에 내용의 Impedance Control 부분에 있어서 중요한 변수로 작용한다. RT의 fine pattern의 유리함을 알 수 있는 data이다.

1.3.2.7 CCL 절연 기판 소재의 변화

1) 회로 및 기판의 신뢰성 강화

① 이를 위해 high Tg pre-preg 사용이 증대하고 있다.

② polyimide(PI), Unsaturated Polyester(UPE), Polyphenylene, Ether (PPE), Polyphenylene oxide(PPO) 등의 다양한 소재 사용이 증가하고 있다.

2) 새로운 기판 소재의 특징에 따른 Cu foil의 대응

① 동박과의 낮은 접착성을 강화시키기 위한 기계적 접착력을 강화시켜야 한다.

② 접착력 강화를 위한 새로운 화학적 처리가 필요하다.

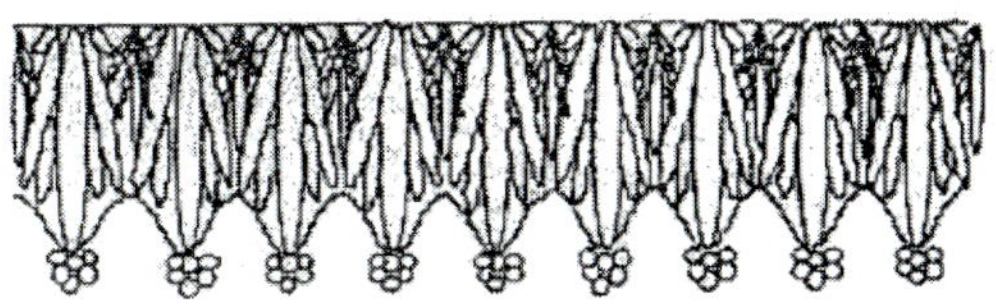

기존의 표면 처리

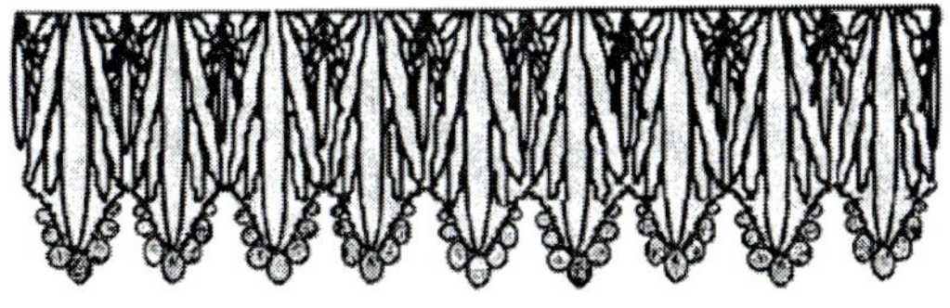

강화된 표면 처리

그림 1.62 강화된 표면 처리 개념도

위 그림 1.62에서 보듯이 기존 Cu foil보다 nodule의 강화가 필요하다. 즉, nodule 부착량을 증대하여 접착력을 강화해야 한다. 그런데 이것은 Low profile(RT 개념의 fine pattern 달성)에 역효과를 가져올 수도 있다. 또한, nodule의 크기를 증대시키거나 수량을 증대하여 강화하거나, Base foil의 Peak 아래 부분까지 nodule을 처리해 주는 방법 등 다각적 접근이 필요하다.

1.4.1 D/F의 구조 및 성분

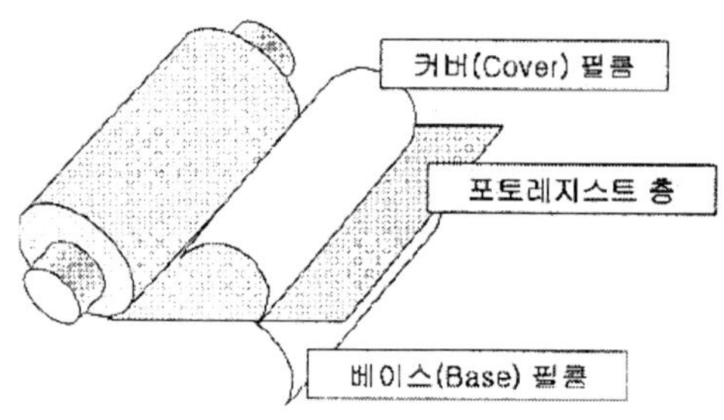

그림 1.63 D/F의 구조

표 1.16 D/F 구성 성분 및 기능

구성 성분	기능	주성분
고분자 결합제 (Binder Polymer)	막형성분, 현상/박리성, 밀착성, 내약품성, 텐팅성	아크릴산계 선상 공 중합체
광 중합 개시제	광 경화 속도, 감소, 광경화 Profile	자외선 감응형 광개시제 시스템
광 중합성 단량체	광 경화성, 내약품성, 텐팅성	아크릴산계 다관능성 당량체 및 올리그머
기타 첨가제	베이스색, 발색, 공정 안정성	용매, 염료, 열중 합금제, 가소제

1.4.1.1 고분자 결합제의 구조 및 역할

1) 고분자 결합제의 구조

아크릴 산의 구조

2) 고분자 결합제의 역할

① D/F의 현상 원리에 중요한 성분으로 작용한다.

$$Na_2CO_3 \quad\quad\quad\quad \cdots Nu^+ + NaCO_3^-$$
$$NaCO_3^- + H_2O \quad\quad \leftrightarrow NaHCO_3 + OH^-$$
$$NaHCO_3 \quad\quad\quad \leftrightarrow Na^+ + HCO_3^-$$
$$HCO_3^- + H_2O \quad\quad \leftrightarrow H_2CO_3 + OH^-$$
$$DFR\_COOH + OH^- \quad \leftrightarrow DFR\_COO^-Na^+ + H_2O$$

② D/F의 박리 원리에도 중요 성분으로 작용한다.

$$Na_2OH \leftrightarrow Na^+ + OH^-$$
$$DFR\_COOH + OH^- \leftrightarrow DFR\_COO\text{-}Na^+ + H_2O$$

③ 동 밀착력에 관련되어 있다.

④ D/F의 추종성 및 텐팅성과 관련되어 있다.

1.4.1.2 광 중합성 단량체의 구조 및 역할

1) 광 중합성 단량체의 구조

2) 광 중합성 단량체의 역할

① D/F의 약품성에 중요한 역할을 담당하고 있다.

② D/F의 반응성에 관련되어 있다.

③ D/F의 텐팅성과도 관련되어 있다.

④ 동과의 밀착력에 밀접한 관련이 있다.

3) 광 중합성 단량체의 광 경화 원리

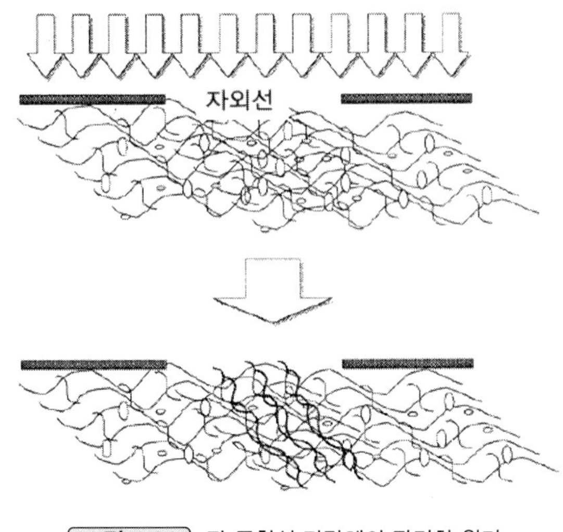

그림 1.64 광 중합성 단량체의 광경화 원리

1.4.1.3 광 중합성 개시제 및 첨가제들의 구조 및 역활

1) 광 중합성 개시제 및 첨가제의 구조

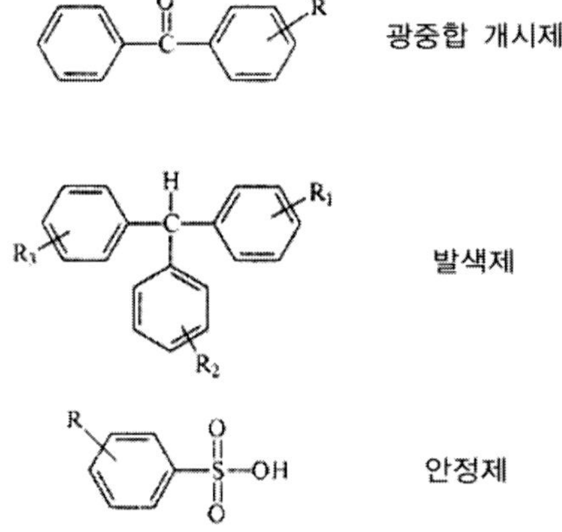

2) 광 중합 개시제 및 첨가제들의 역할

① D/F의 반응성, 즉 Step의 단수와 관련이 있다.: 광 중합 개시제

② D/F의 단면모양을 결정한다.: 광 중합 개시제

③ 노광시 D/F의 색상을 결정한다.: 발색제

④ 공정 진행 시 안정제 역할을 한다.: 안정제

3) 광 중합 개시제의 광 중합 원리

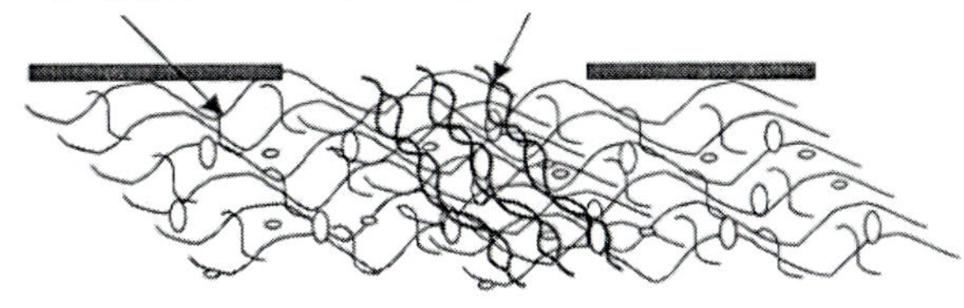

$$PI(Photo\ Initiator) \rightarrow 2R \qquad 개시$$
$$2R + M \rightarrow R_1$$

$$R_1 + M \rightarrow R_2 \qquad 성장$$
$$R_n + M \rightarrow R_{n+1}$$

$$R_n + R_m \rightarrow P_{n+m} \qquad 정지$$
$$R_n + R_m \rightarrow P_n + P_m$$

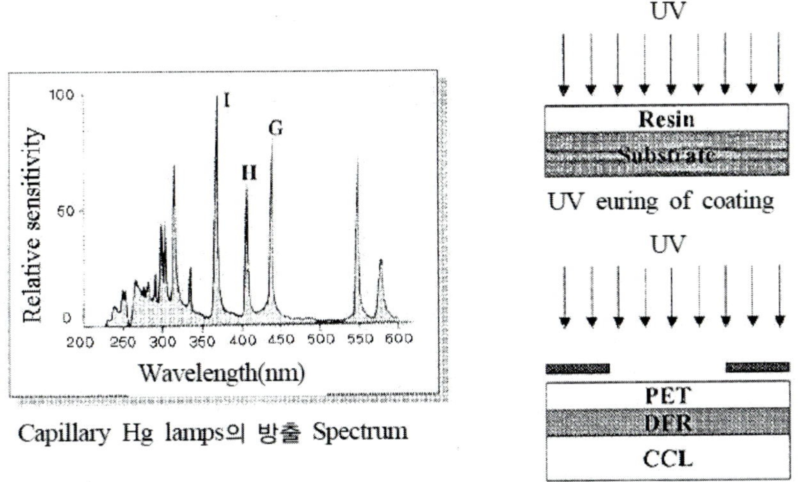

그림 1.65 광 중합 개시제의 광 중합 원리

1.4.1.4 UV 광원

그림 1.66 UV 광원의 파장과 반응도

그림 1.66에서 보면 수은 램프의 UV 광의 파장대는 350nm 파장대에서 가장 반응에 민감하게 거동한다. D/F은 UV에 감광되어 반응하는 그림을 나타내고 있다.

1.4.1.5 D/F의 UV 스펙트럼

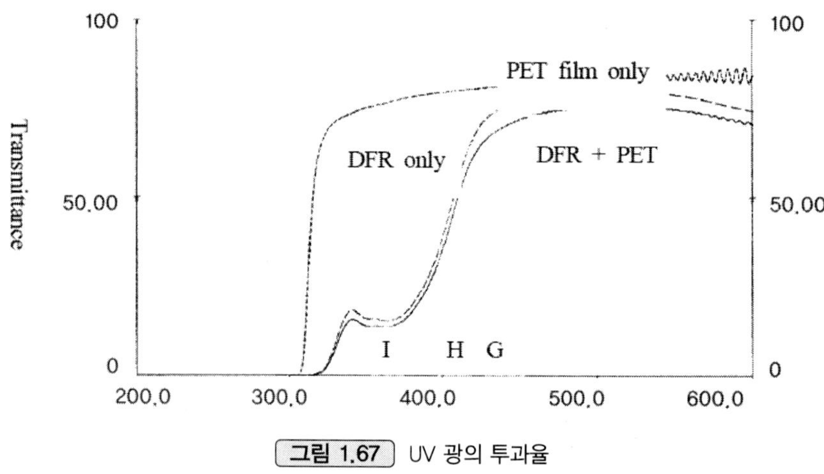

그림 1.67 UV 광의 투과율

위 그림 1.67에서 보는 바와 같이 PET film(보호 필름)만 투과할 경우 투과율이 좋지만 D/F과 PET film 모두를 투과 시 UV 투과율이 현격히 떨어짐을 알 수 있다.

1.4.1.6 D/F 제조도

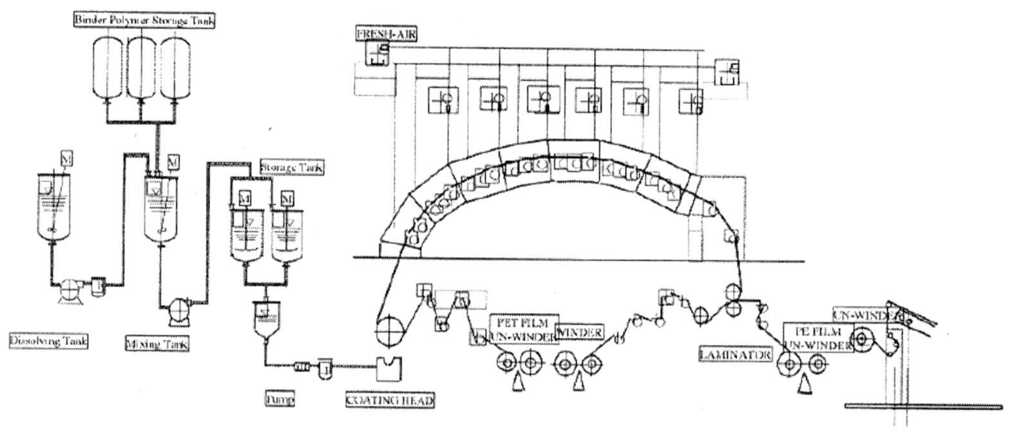

그림 1.68 D/F 제조도

1.5.1 Resist ink의 분류

Resist ink를 분류하는 방법은 여러 가지가 있으나 크게 기능별과 경화 방식 및 화상 전사 방법에 의하여 구분된다.

1.5.1.1 기능별 분류

1) 회로 형성용

   - 회로 형성 시 사용한다.
   - 열 건조형과 UV 경화형으로 구분한다.
   - 스크린 인쇄법에 적합하다.
   - 부식 및 도금 Resist성으로 나눈다.
   - 박리가 잘 되어야 한다.

2) Solder Resist

   - 동 회로를 보호할 목적으로 사용된다.
   - 부품 납땜 부위만 납땜되어야 한다.
   - 특성이 절연 특성, 내열성, 내냉열 충격성, 경도 등이 요구된다.

3) Marking ink

   - 문자, 기호, 인쇄용이다.
   - 백색, 적색, 흑색, 황색 등으로 다양하다.

1.5.1.2 경화 방식 / 화상 전사 방법에 의한 분류

1) IR 경화형

   - epoxy resin과 amine계 경화제로 구성되어 있다.
   - 스크린 인쇄 후 열로 경화를 시킨다.

2) UV 경화형

- epoxy acrylate와 monomer 및 광개 시제로 구성되어 있다.
- 스크린 인쇄 후 UV로 경화를 시킨다.

3) photo image

- UV와 IR 혼합 경화형이 주류이다.

1.5.2 Ink의 조성

Ink는 수지, 충진제, 안료, 희석제, 경화제, 첨가제로 구성된다.

표 1.17 Resist 경화 형태별 조성

구 분	I.R	U.V	Photo imaginable	비 고
수지	Epoxy Resin	Epoxy	Modilied Epoxy	내냉열 충격성제
		Acrylate	Acrylate, Epoxy Resin	해상성, 내약품성
충전제	Silica, Talc	Silica, Talc	Silica, Talc	인쇄성, 경도
	Barium Sulfate	Barium Sulfate	Barium Sulfate	내냉열충격성
안료	무기안료	무기안료	무기안료	착색
희석제	유기용제	Monomer	유기용제, Monomer	유동성 조정
경화제	Amine계	광 경화제	Amine계, 광 경화제	생산성, 내약품
첨가제	소포제, 요변제	소포제, 요변제	소포제, 요변제	인쇄성

1.5.3 제조 공정

Ink의 제조 공정은 일반적으로 다음과 같다.

1) 배합

Ink 성분의 효과적인 wetting이 되게 순차적인 평량 후 연속 교반을 통해 이루어진다.

2) 연육

Ink의 주 원료 입자를 도포 가능한 입자로 균일 분산 및 제조 시 환경 관리를 해 주어야 한다.

3) 숙성

충진제가 액상 조성물에 의해 완전 wetting 되게 방치하는 것을 말한다.

4) 조정

Ink가 인쇄 시 도포 가능한 점도로 조정하는 것을 말한다.

5) 검사

Ink의 규격 검사(점도, 조성 등)를 말한다.

6) 포장

Ink를 규격대로 포장하는 것을 말한다.

1.5.4 PSR(Photo imagable Solder Resist)

ink에는 여러 종류가 있으나 여기에서는 많으나 PCB 업계에서 가장 많이 사용되는 PSR ink에 대해서 알아본다.

PSR의 공정별 ink의 반응 원리들은 다음과 같다.

1.5.4.1 ink 도포 및 pre-cure

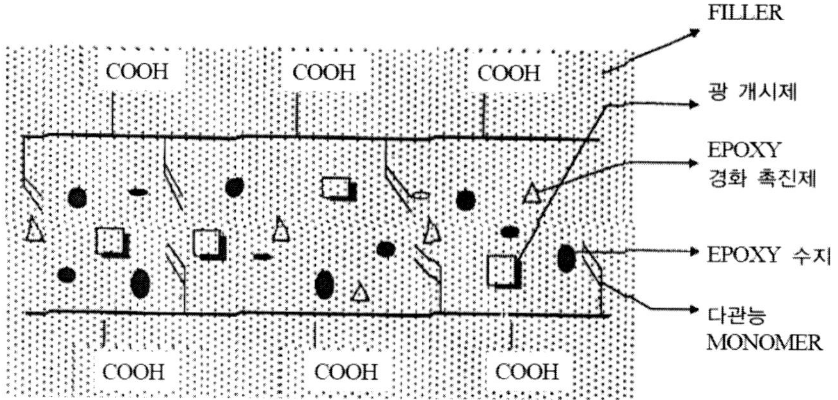

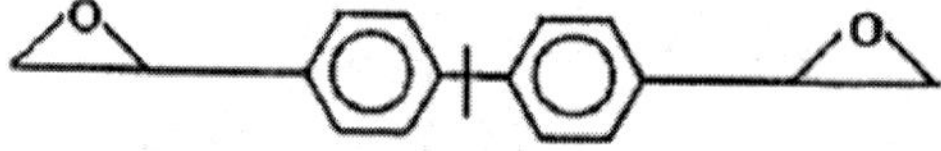

그림 1.69 PSR의 도포 반응

1) PSR의 주요 성분은 다음과 같다.

① 다관능성 monomer : Dimer, Trimer 등이 있다.

$$CH_2 = CHCOCH_2CH_2OCCH = CH_2$$

② Epoxy 수지 : EPN 또는 BPA형 epoxy 수지

③ Epoxy 경화 촉진제 : 아민 또는 산무수물을 주로 사용한다.

1.5.4.2 노광

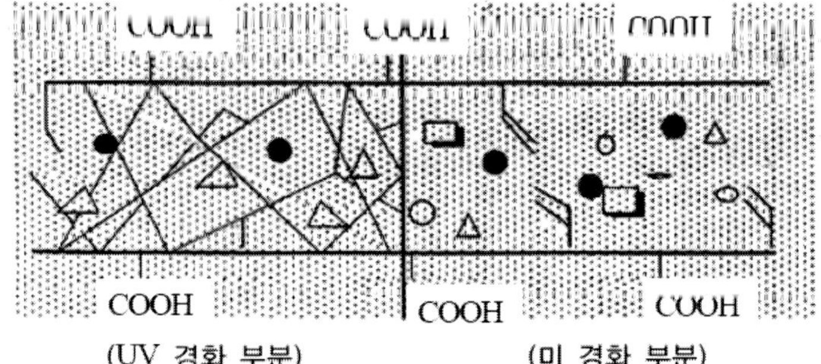

그림 1.70 PSR 노광 반응

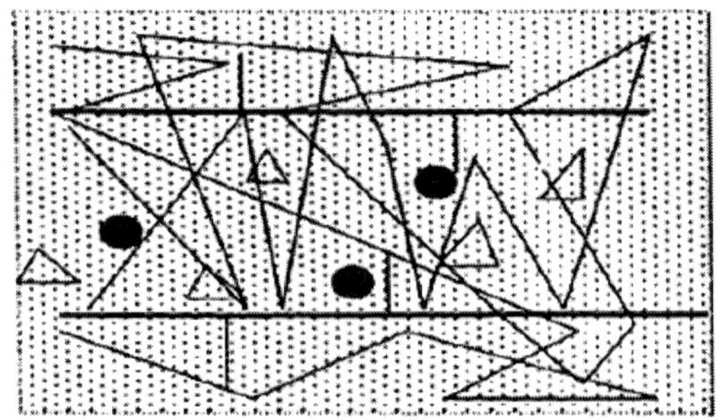

현상 후 INK 부분

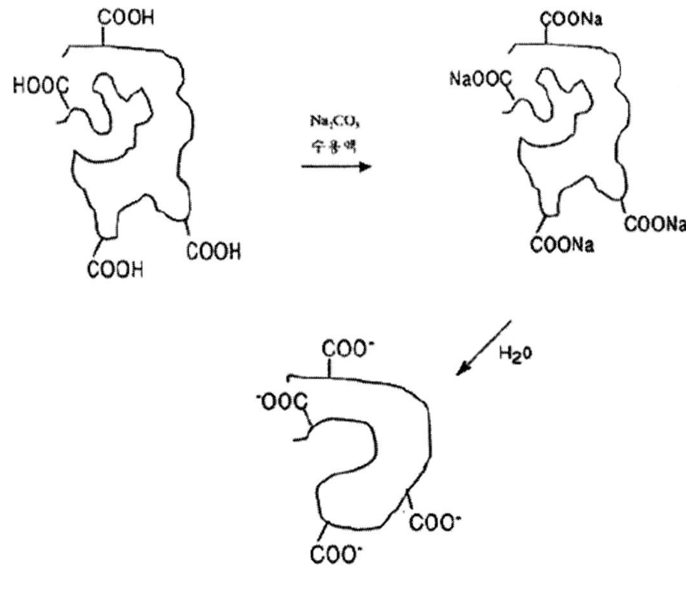

그림 1.71 PSR 현상 반응

1.5.4.4 최종 경화

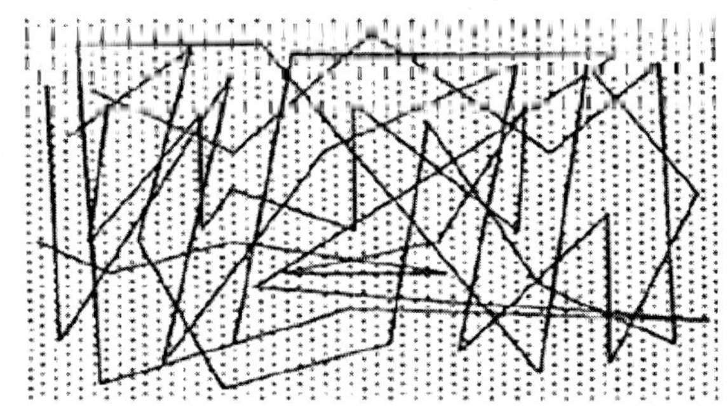

그림 1.72 PSR의 최종 경화 반응

1.5.5 Resist ink Technical data

1.5.5.1 Coating 방식에 따른 특성

[표 1.18] Coating 방식에 따른 특성

방식	장점	단점	비고
Screen	· 박판 인쇄가 가능하다. · 균일한 ink 두께가 가능하다. · hole plugging이 용이하다.	· 생산성이 떨어진다. · 생산 원가가 높다. · PCB의 한 면씩 건조할 수 있다.	모든 종류의 ink 적용 가능하다.
Spray	· 다양한 PCB에 적용 가능한 자동 다량 생산에 적합하다. · 박판 인쇄가 가능하다. · 양면 동시 인쇄가 가능하다	· 환경 오염이 심하다. (솔벤트 발생) · ink 소모가 심하다. · 불균일한 ink 두께가 발생한다.	Solder resist에 적용 가능하다.
Roll	· 양면 동시 인쇄가 가능하다. · 다양한 PCB에 적용 가능한 자동 다량 생산에 적합하다. · 박판 인쇄가 가능하다. · Via hole Tenting이 가능하다. · 균일한 ink 두께가 가능하다.	· 환경 오염이 심하다. (솔벤트 발생) · 생산 원가가 높다. · 적용하는 한계가 있다.	etching 및 Solder resist에 적용 가능하다.

1.5.5.2 환경 친화성 ink

1) Halogen free Resist

2) lead free Resist

3) Low Toxicity Resist

4) Low mist Resist

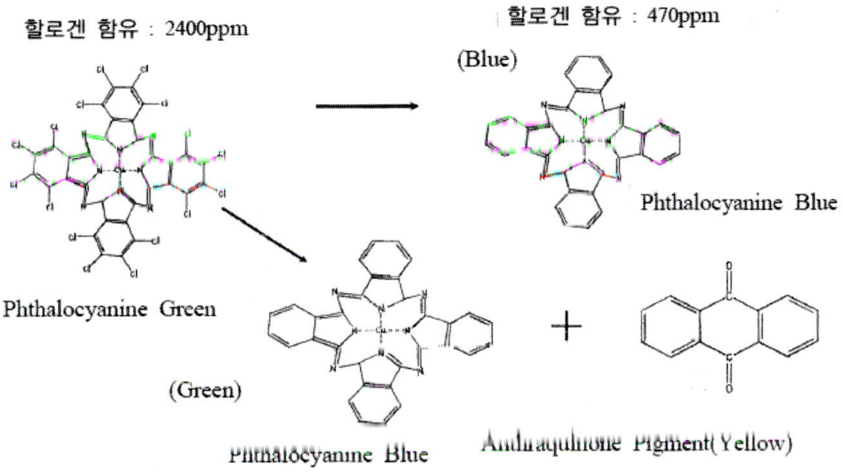

그림 1.73 Halogen free Resist

1.5.5.3 Build up 관련 Resist ink

표 1.19 Build up 관련 Resist ink

Resist 종류	제조사	특성	
		장점	단점
Photo Image	Ciba Geigy iBiden	생산성	Small hole 형성
Thermal Cure ink	Taiyo	생산성	표면 평활성 및 Desmear성
hole filling ink	Sanei	부피 감소가 적다	고가

1.5.5.4 LPER(Liquid Photo Etching Resist)

1) LPER과 DFR의 특성 비교

 LPER과 DFR 특성 비교표

항목	LPR	DFR
코팅 두께	10μm 이하	25μm 이상
코팅성	양호	불량
밀착성	뛰어남	보통
해상성	L/S = 30/30μm	L/S = 50/50μm
자동화	· Roll : 30,000m^2/월 · Dip : 20,000m^2/월	가능
단가	DFR의 60%선	LPR보다 높다.

2) 적용

① BGA etchback

- 금 도금 저항성

· 전해 : Ni 10 ~ 15μm, Au 0.5 ~ 1.5μm

· 무전해 : Ni 5μm, Au 0.05μm까지 가능하다.

- 박리성 : 3 ~ 5% NaOH 수용액에서 90~120Sec 사이에 박리된다.

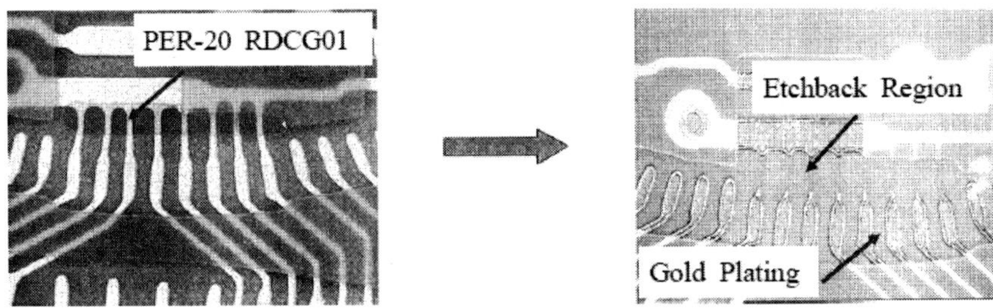

그림 1.74 BGA etchback 공정 전후 사진

② 부분적인 금도금 Resist

- edge Coverage성 : hole과 2oz Cu까지 Covering이 가능하다.

- 금도금 Resistance : 전해 및 무전해 금도금 모두에 내성이 있다.

- 박리성 : 3~5% NaOH 수용액에서 90~120초에 박리가 된다.

③ metal etching

- 적용 범위 : 그라비아 Roll etching, Sus etching, Tablet 등에 적용된다.

대비아성 : 200　400㎛ etching에 적된다

- 환경 친화성 : NaOH에 박리된다.

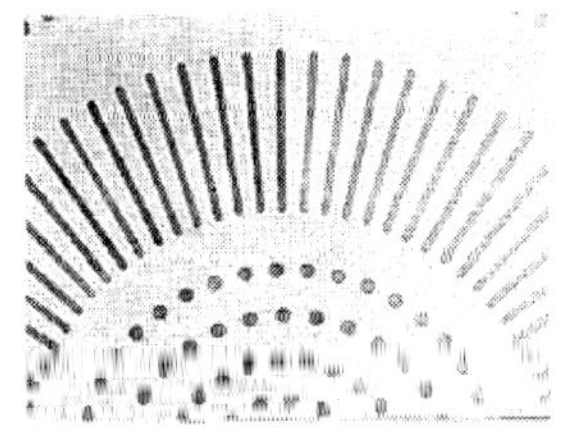

Thickness : $200\mu m$

Thickness : $200\mu m$

그림 1.75 metal etching 사진

1.5.5.5 Conductive Paste

1) 개념

① Conductive Paste의 성분 :

Conductive Powder, Resin, Curing agents, Solvent

② Conductive 원리

dry 또는 Curing 전에는 도전성을 띠지 않으나. Curing 후에는 Conductive power 사이에 연결이 이루어져 도전성을 띠게 된다.

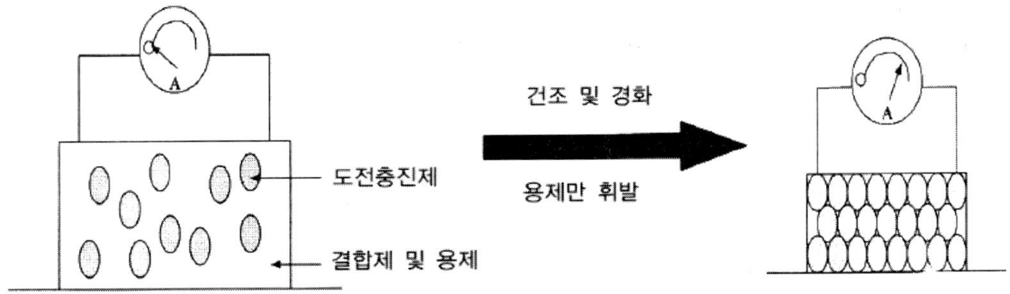

그림 1.76 Conductive Paste의 도전성 원리

③ 적용은 STH PCB, Jumper, 회로 형성용, 도전 접착제, 전극, membrane switch Touch, EMI 층 등에 적용된다.

2) STH PCB

① 사용 및 기술 추세

 STH PCB의 기술 추세

구분	현재	미래	비고
Base Material	FR-1	FR-2, CEM	
Hole Size	Φ0.5 이상	Φ0.5 이하	
Pitch	1.5mm	1.3mm	
Model	CD-ROM	DVD-ROM PLAYER, FDD	
제작	Double-sided Cu plating → Double-sided STH	4,6 layers → Double-sided STH	

② 품질 표준

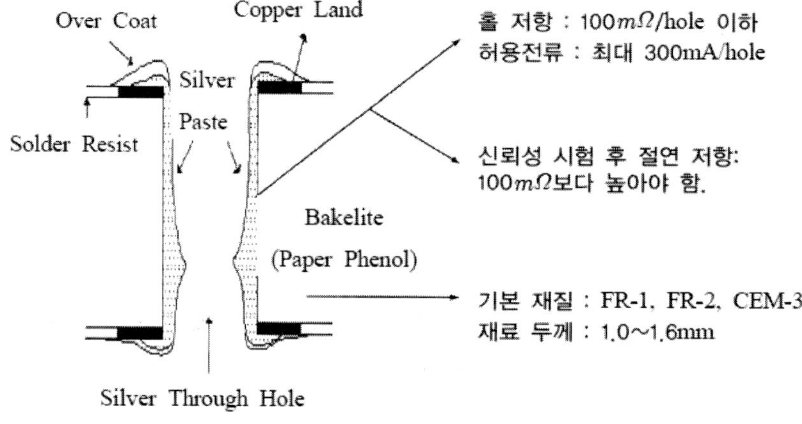

 STH PCB 품질 규격

표 1.22 STH PCB용 Ag Paste의 일반 규격

특성		규격	시험 방법
전기적 특 성	체적 저항	$1 \times 10{-}4$ Ω·㎝ 이하	TYK 시험 방법
	표면 저항	0.1 Ω/□(10㎛) 이하	TYK 시험 방법
	전류 능력	300 mA/hole	IEC spec. 60512−3(1976−01)
	홀 저항	100mΩ/hole 이하	TYK 시험 방법
물리적 특 성	색상	Silver white	Lot별 색상 차이 없음
	비중	1.8 [illegible]	TYK 시험 방법
	점도	40±10Ps	Cone−Plate type, 5rpm, 25℃
	Thixotropic Index	1.6~2.4	Cone−Plate type, 5rpm/50rpm
	메꿈성	1~3 mg/hole	TYK 시험 방법
	Flash Point	80~90℃	KSM 5000−95
	Flexibility	3.0~4.0 mm	ERICSHEN TEST, ISO 1520−1973(E)
	홀 형태	No Crack and void	TYK 시험 방법
화학적 특 성	접착성	합격	100/100 (CROSS CUT TAPE TEST)
	연필경도	5H 이상	TYK 시험 방법
	솔더 내열성	합격	260℃, 5초, 5회 시험 시 저항치 변화 ±10%이내여야 함

제2장
CCL Test 방법

2.1 Solder heat Resistance(솔더 내열성)

2.2 Heat resistance(내열성)

2.3 Peel strength(인장박리 강도)

2.4 flexural strength(굴곡 강도)

2.5 Surface resistance & volume resistivity(표면 저항과 체적 저항률)

2.6 Insulation resistance(절연 저항)

2.7 Dielectric constant and dielectric dissipation factor(유전율과 유전 정접)

2.8 Sodium Hydroxide resistance(내 가성소다성)

2.9 Coefficient of water absorption(물 흡수율)

2.10 Flame retardancy(난연성)

이 장에서는 chapter 1에서 알아보았던 CCL에 대한 신뢰성 평가 방법에 대해서 살펴본다. 현장 엔지니어들에게 참고가 될 만한 내용이 될 것이다.

2.1 Solder heat resistance (솔더 내열성)

이 실험 방법은 CCL의 내열성 평가 중 솔더 pot를 이용한 시험 방식으로 가장 널리 사용되는 방법이다.

2.1.1 표준 규격은 JIS C 6481에 준한다.

2.1.2 시편 규격은 다음과 같다.

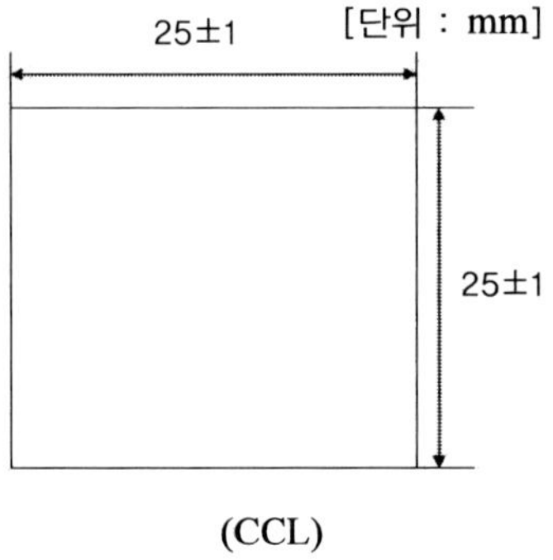

2.1.3 Test 방법은 다음과 같다.

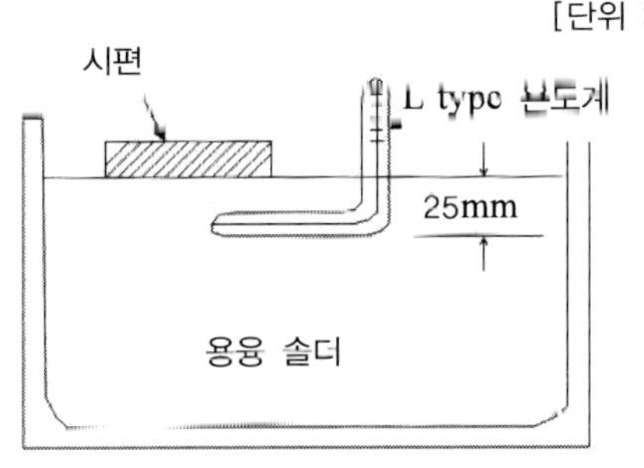

1) 용융 솔더 Bath에 시편을 float 한다.
2) 이때, float 시작부터 시간을 count 하여
   CCL의 Swelling 되는 시간을 측정한다.
3) 오랫동안 이상 없이 견디는 CCL이 솔더 내열성이
   우수하다고 볼 수 있다.

그림 2.1 솔더 내열성 시험 방법

2.2 Heat resistance (내열성)

2.2.1 표준 규격은 JIS C 6481에 준한다.

2.2.2 시편 규격은 다음과 같다.

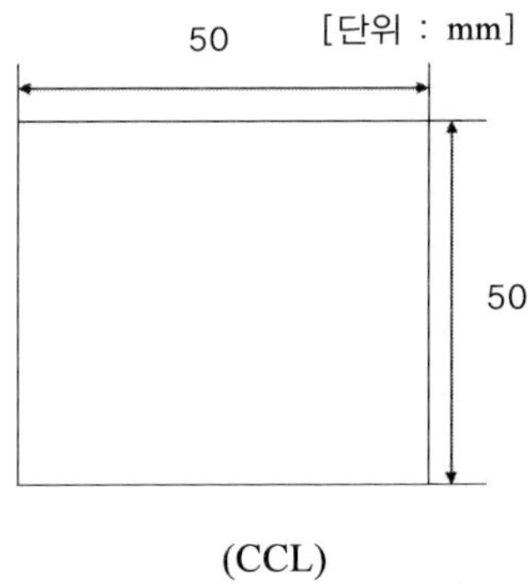

2.2.3 Test 방법은 다음과 같다.

1) 규정 온도의 공기 순환 장치가 있는 항온조에 시편을 투입한다.
2) 규정 시간 동안 처리 후에 Cu foil의 표면, 적층된 표면, 모서리 등의 Swell 및 peeling 여부를 체크하여 평가한다.

2.3.1 표준 규격은 JIS C 6481에 준한다.

2.3.2 시편 규격은 다음과 같다.

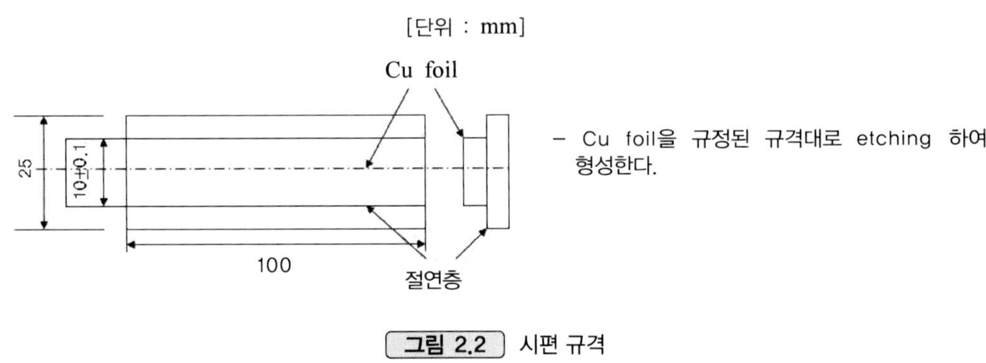

[그림 2.2] 시편 규격

2.3.3 Test 방법은 다음과 같다.

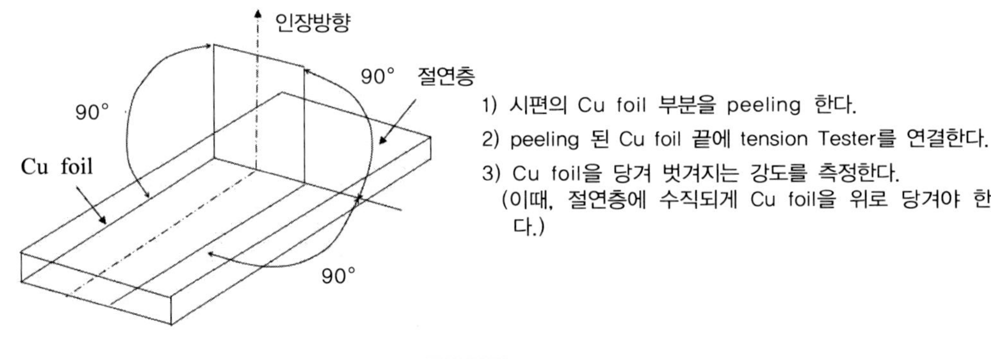

1) 시편의 Cu foil 부분을 peeling 한다.
2) peeling 된 Cu foil 끝에 tension Tester를 연결한다.
3) Cu foil을 당겨 벗겨지는 강도를 측정한다.
   (이때, 절연층에 수직되게 Cu foil을 위로 당겨야 한
   다.)

[그림 2.3] Test 방법

2.4 Flexural strength (굴곡 강도)

2.4.1 표준 규격은 JIS C 6481에 준한다.

2.4.2 시편 규격은 다음과 같다.

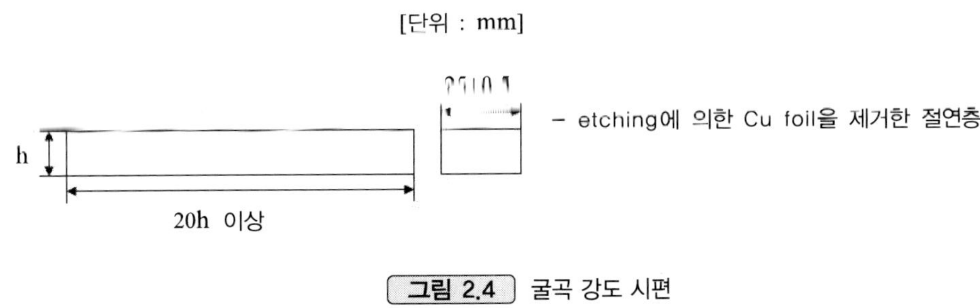

그림 2.4 굴곡 강도 시편

2.4.3 Test 방법은 다음과 같다.

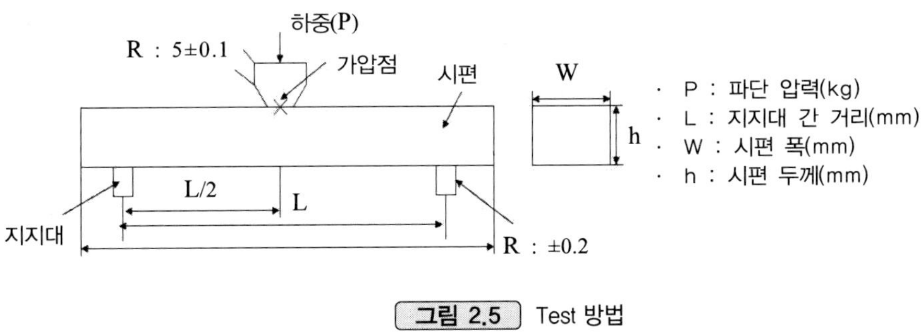

그림 2.5 Test 방법

1) 지지대 구조 위에 시편의 파단 부하(압력)를 측정한다.

2) flexural strength (굴곡 강도); σFB(kg/mm²) = $\dfrac{3PL}{2Wh^2}$ 으로 계산한다.

2.5.1 표준 규격은 JIS C 6481에 준한다

2.5.2 시편 규격은 다음과 같다.

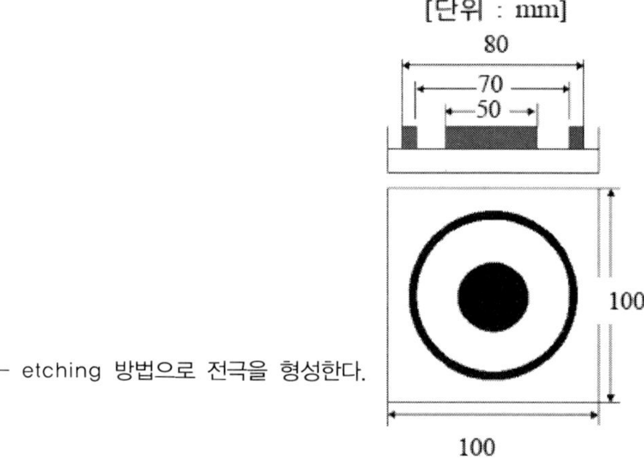

그림 2.6 표면 저항 & 체적 저항률 시편

2.5.3 Test 방법

1) 표면 저항

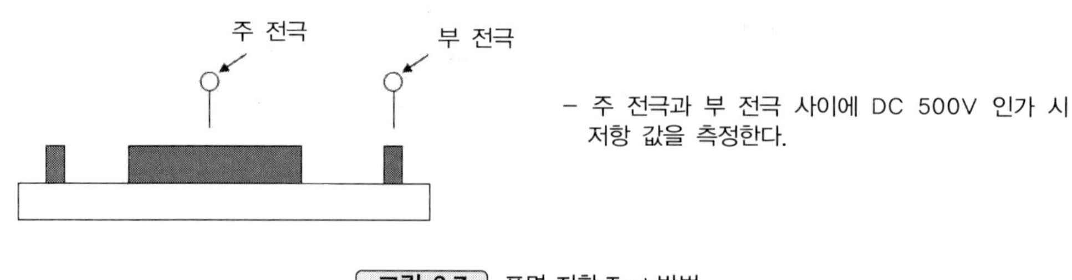

그림 2.7 표면 저항 Test 방법

2) 체적 저항률

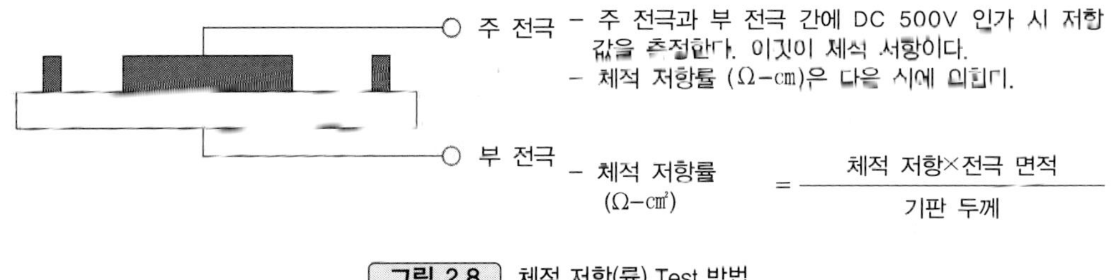

$$\text{체적 저항률}\,(\Omega\text{-cm}^2) = \frac{\text{체적 저항} \times \text{전극 면적}}{\text{기판 두께}}$$

그림 2.8 체적 저항(률) Test 방법

2.6 Insulation resistance (절연 저항)

2.6.1 표준 규격은 JIS C 6481에 준한다.

2.6.2 시편 규격은 다음과 같다.

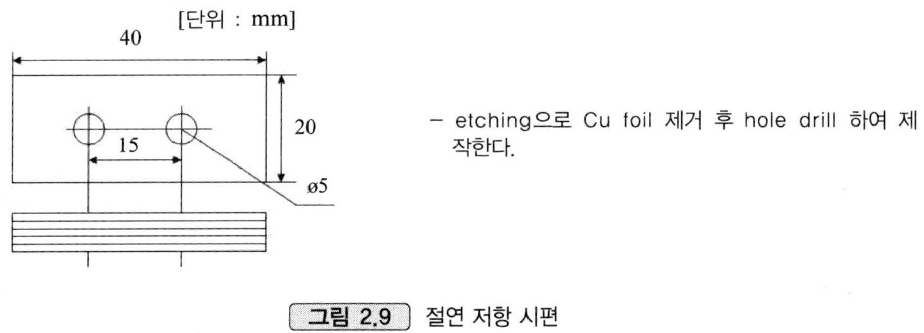

- etching으로 Cu foil 제거 후 hole drill 하여 제작한다.

그림 2.9 절연 저항 시편

2.6.3 Test 방법

1) 나사산이 있는 pin을 홀에 삽입한다.

2) pin들 사이에 DC 500V 인가 시 저항 값을 측정하여 이 값을 절연 저항이라 한다.

2.7 Dielectric Constant and dielectric dissipation factor(유전율과 유전 정접)

2.7.1 표준 규격은 JIS C 6481에 준한다.

2.7.2 시편 규격은 다음과 같다.

[단위 : mm]

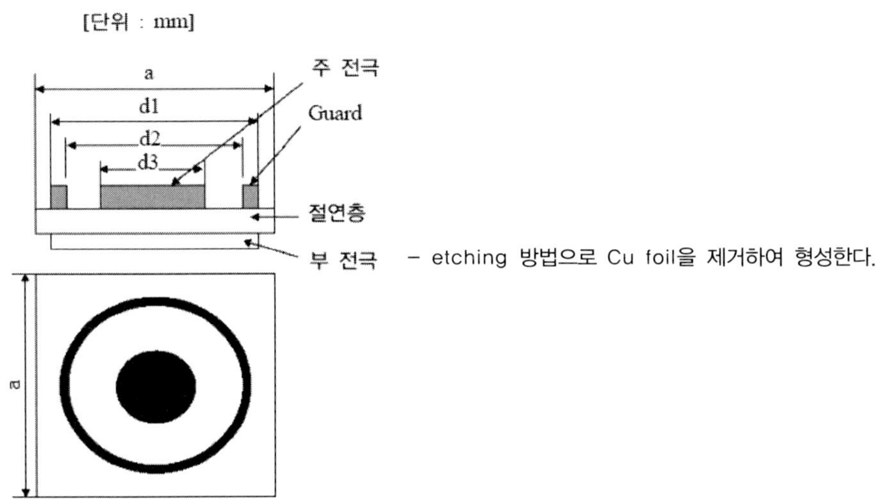

– etching 방법으로 Cu foil을 제거하여 형성한다.

[단위:mm]

CCL 두께	a	전극 규격		
		d1	d2	d3
0.5~0.8t	50	40	32	30
0.8~1.2t	60	50	40	38
1.2~2.4t	86	76	60	58
2.4~3.2t	110	100	80	78

그림 2.10 유전율 & 유전 정접 시편

2.7.3 Test 방법

1) 주 전극과 부 전극 간의 정전 용량(electrostatic Capacity)과 Conductance를 측정한다.

2) Dielectric constant(유전율) = $\dfrac{정전용량}{공기 중의 정전 용량}$ 으로 계산되는데, 일반적으로 공

기 중의 정전 용량을 '1'로 본다.

3) Dielectric dissipation factor(유전 정접)= $\dfrac{유효 도전율}{무효 도전율}$ 로 계산한다.

2.8 Sodium Hydroxide resistance(내 가성소다성)

2.8.1 표준 규격은 JIS C 6481에 준한다.

2.8.2 시편 규격은 다음과 같다

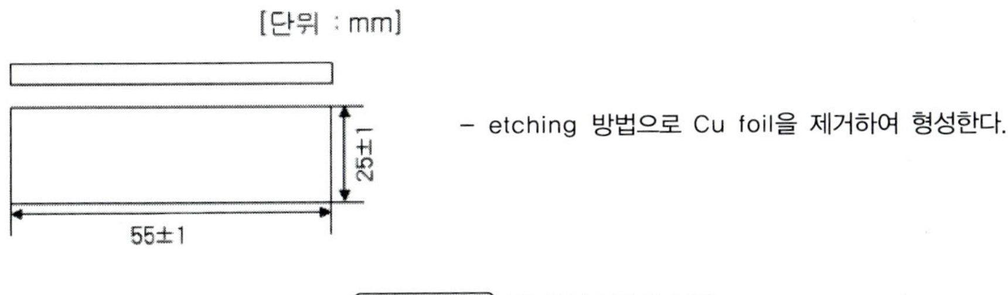

그림 2.11 내 가성소다성 시편

2.8.3 Test 방법

농도 3% NaOH 수용액을 40℃로 맞추어 시편을 3분 간 침적 후 꺼내어 외관 변화 여부 관찰하여 이상 유·무로 결정한다.

2.9.1 표준 규격은 JIS C 6481에 준한다.

2.9.2 시편 규격은 다음과 같다.

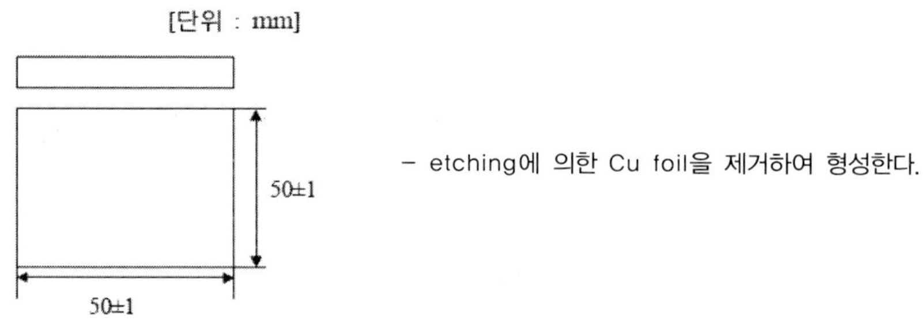

그림 2.12 흡수율 시편

2.9.3 Test 방법

1) 규정 조건으로 시편을 건조 후, 23℃ 물에 24시간 침적한다.

2) 침적 전·후의 시편 무게를 측정한다.

3) Coefficient of water absorption(물 흡수율) = $\dfrac{W_2 - W_1}{W_1} \times 100(\%)$으로 계산할 수 있다.

　　*W1 : 물 흡수 전 시편의 무게(g)

　　W2 : 물 흡수 후 시편의 무게(g)

2.10.1 UL 수직법

1) 표준 규격은 UL Subject 94V에 준한다.

2) 시편은 125(L)×13(W)[mm]의 시편을 etching에 의해 Cu를 제거하여 형성한다.

3) Test 방법

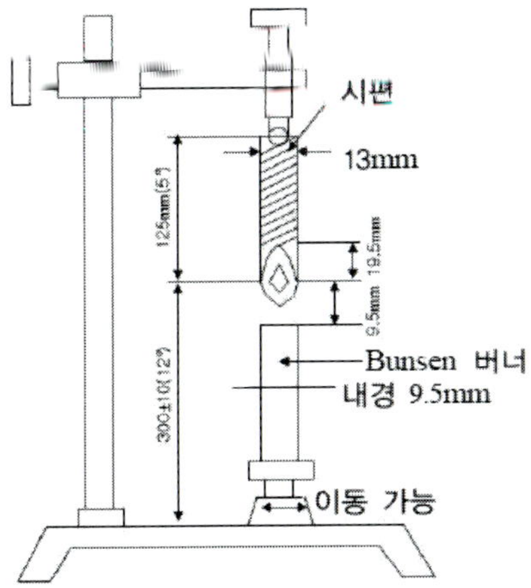

① 시편을 도구에 매단다.
② 시편을 불에 접촉시켜 10초씩 2회 태운다.
③ 시편이 타는 시간을 측정한다.

그림 2.13 UL 수직법 난연성 Test 방법

2.10.2 UL 수평법

1) 표준 규격은 UL Subject 94HB에 준한다.

2) 시편은 125(L)×13(W)[mm]의 시편을 etching에 의해 Cu를 제거하여 형성한다.

3) Test 방법

   1) 시편을 도구에 고정한다.

   2) 시편의 끝을 불에 30초간 태운다

   3) 1°에서 4°표선까지 불이 도달하는 속도를 측정한다.

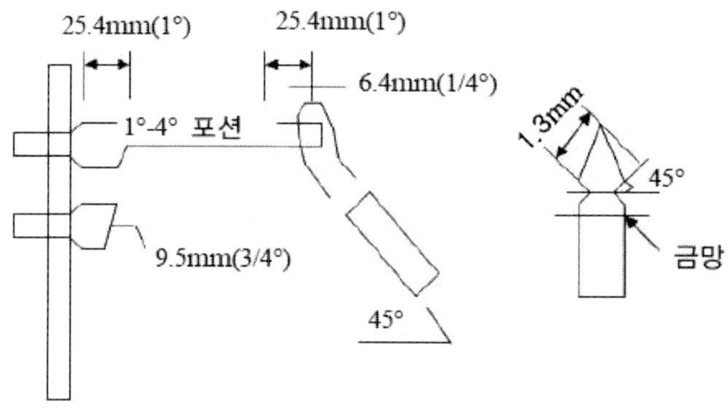

그림 2.14 UV 수평법 난연성 Test 방법

제3장
차세대 PCB용
원·부자재

3.1 High Tg FR-4

3.2 Build up, RF, High speed 적용용 재료

3.3 UTC(Ultra Thin Copper foil)

3.4 Solvent free pre-preg

3.5 LCP(Liquid Crystal Polymer)

3.6 High Tg halogen free CCL

3.7 Laser 드릴용 E-glass 재료

3.8 Anti-CAF(Conductive anode filament) CCL

3.9 고주파용 PCB 재료

이 장에서는 chapter 1에서 거론한 기본적인 재료에서 뛰어넘어 차세대 PCB에 필요한 개발 완료된 또는 개발 중인 원·부자재 재료에 대한 것을 소개하겠다.

3.1 High Tg FR-4

3.1.1 개요

1) high Tg 재료는 저 열 팽창, 뛰어난 내열성을 소유하고 있다.
2) 흡수 후 절연 저항 및 열적 저항이 유지된다.
3) 고온에서도 안정적인 기계적 특성 때문에 ass'y 특성이 뛰어나다.

3.1.2 technical data

1) Laminate process

Bisphenol A type epoxy, bromine Bisphenol A type epoxy, Dicy-free Curing agent, reaction accelerator, Varmish용 Solvent 등을 혼합한 Multi functional epoxy이다.

2) high Tg Laminate의 특성

표 3.1 high Tg와 FR-4 Laminate의 대표적인 특성 비교도

Item/Lot No		FR-4	high Tg FR-4
DMA Tg($\degree$C)		130-140	210-220
Peel Strength(Ib/in)(Hoz)		9.5	8.7
CTE(ppm/$\degree$C)($\langle$Tg)		70	44
Solder dipping(288$\degree$C)		180 ↓	240 ↑
PCT	1hr(121$\degree$C*2atm) Solder dipping(288$\degree$C)	90 ↓	180 ↑
	2hr(121$\degree$C*2atm) Solder dipping(288$\degree$C)	30 ↓	150 ↑
	3hr(121$\degree$C*2atm) Solder dipping(288$\degree$C)	NG	120 ↑
Thermal Shock(288$\degree$C*10sec dipping		4	20 ↑
Flame test(UL-94V0)		V-0	V-0
Water aborption(wt%)---C-24/23		0.16	0.1
D.K(1MHz)		4.8	4.6

D.F(1MHz)	0.018	0.01
TGA(5% wt loss)℃	300−320	340−360

표 3.1에서 보듯 high Tg FR-4는 일반 FR-4보다 Tg가 높고 열 패칭 제수시 낮고, 흡수 빛 PCT 대험시 동에서 월등하게 차이가 있으며 우수한데 반해, Cu의 peel strength는 떨어지는 것으로 나타난다.

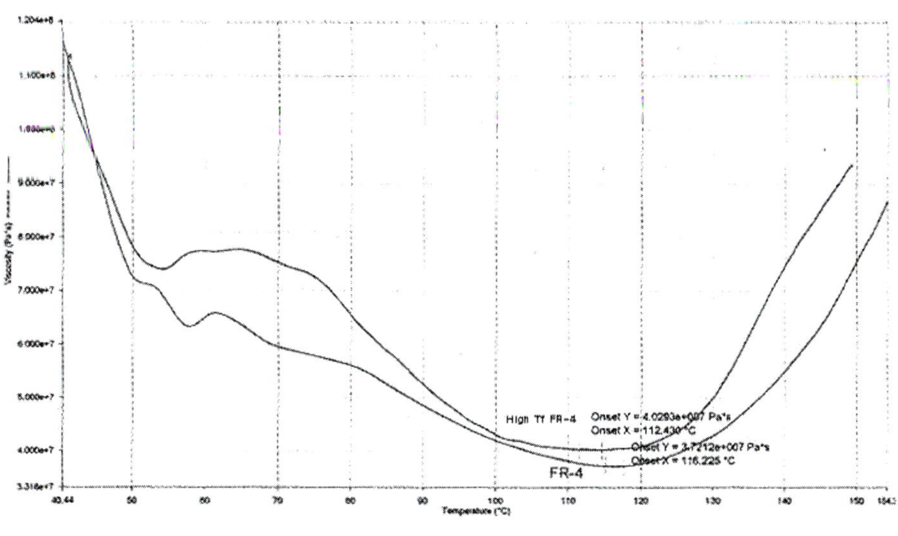

그림 3.1 high Tg와 FR-4의 용융 점도 Vs 온도 graph

위 그림 3.1에서 보면 용융 시 점도가 FR-4보다 high Tg FR-4가 동일 온도에서 높음을 알 수 있다.

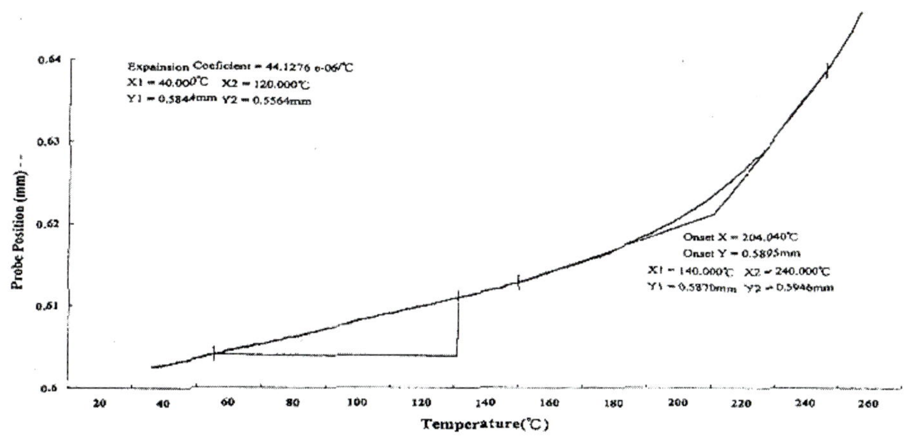

그림 3.2 high Tg FR-4(TMA) 분석 비교

그림 3.2에서 high Tg FR-4의 TMA 분석에 의한 Tg point 측정을 나타내면 210~220℃ 정도에서 Tg 점이 형성됨을 알 수 있다.

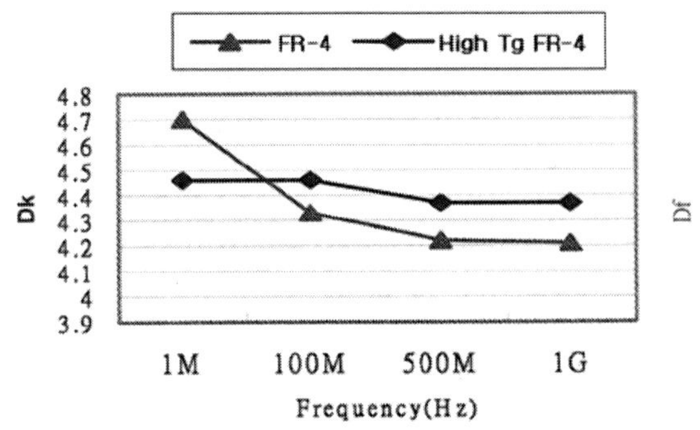

그림 3.3 high Tg FR-4와 FR-4의 Dk Vs freguency 변화도

주파수 변화에 따른 Dk(유전율) 변화 그래프에서 보면 일반 FR-4보다 high Tg FR-4가 훨씬 안정적인 것을 알 수 있다.

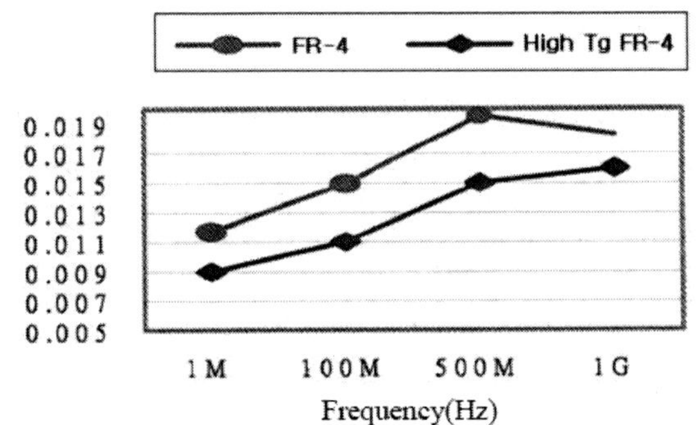

그림 3.4 high Tg FR-4와 FR-4의 Df VS freguency 변화도

마찬가지로 주파수 변화에 따른 Df(유전 정접) 변화 그래프에서도 보듯 high Tg FR-4가 FR-4보다 Df의 변화가 적다.

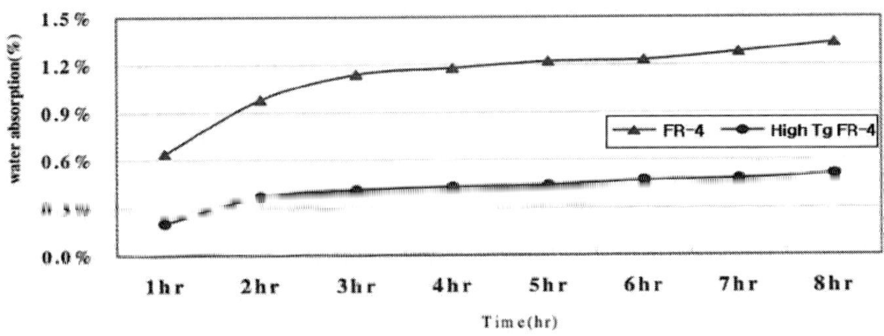

그림 3.5   high Tg FR-4와 FR-4의 PCT 하에서의 Water absorption 비교도

PCT 시험 결과에서 표보히 high Tg FR-4가 FR-4보다 훨씬 낮은 흡수율을 보이는 것을 알수 있다.

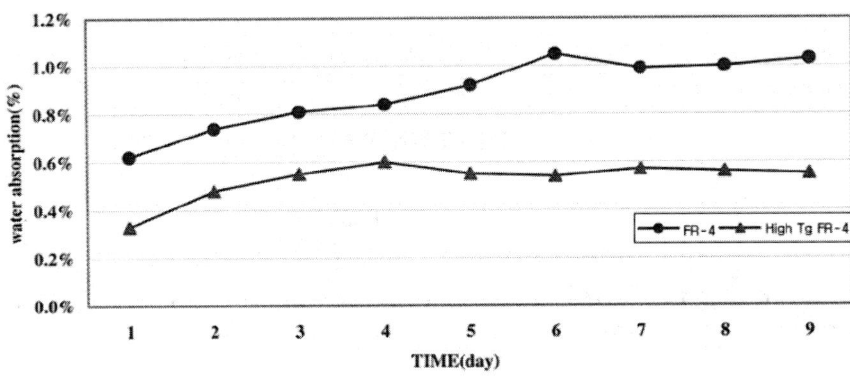

그림 3.6   high Tg FR-4와 FR-4의 80℃ 하에서 water absoption 비교도

3) PCB 제조 공정

① Drill 조건

표 3.2   FR-4와 high Laminate의 Drill 조건표   (보드 두께 ; 1.6t)

Material Base	high Tg FR-4			FR-4
Drill Dia(mm)	0.3mm	0.3mm	0.3mm	0.3mm
Stack up	2	2	2	3
Feed(rpm)	70	70	70	70
Speed(rpm)	95000	114000	76000	95000
hole Condition	accept	Batter	worse	−

위 표 3.2에서 드릴 조건을 보면 Φ0.3 small hole 드릴 시에서 일차적으로 high Tg FR-4 재질이 강하기 때문에 Stack 수가 2Stack으로 되어 FR-4의 3Stack을 고수하기 어렵다. Bit의 rpm이 FR-4보다 높게 설정이 되어야만 품질이 좋은 홀을 얻을 수 있었다.

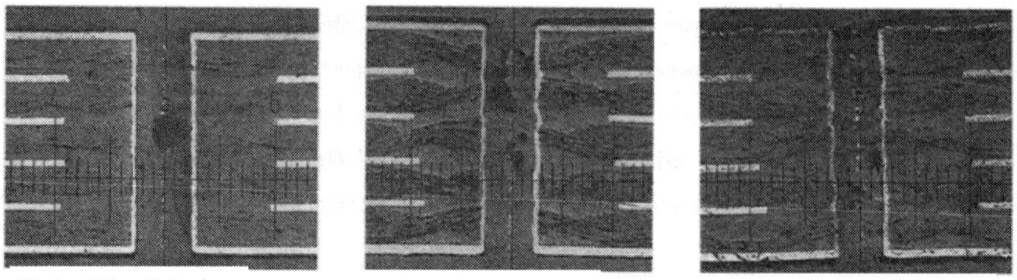

A higher 20% Drilling speed　B Normal Drilling speed　C lower 20% Drilling speed

Hole Dia. 0.3mm　　Hole Dia. 0.3mm　　Hole Dia. 0.3mm

그림 3.7 드릴 조건에 다른 high Tg FR-4 Laminate의 홀 사진

위 그림 3.7은 표 3.2의 내용을 증명해 주는 사진들이다.

② Desmear

high Tg FR-4는 동일 조건이 Desmear 처리 시 FR-4보다 낮은 etching으로 낮은 weight Loss를 보이며, 다른 종류의 CCL, 즉 BT resin 및 FR 406보다는 높은 weight Loss를 나타낸다. 그렇기 때문에 high Tg FR-4는 FR-4 Desmear 조건보다 강화된 조건으로 처리해 주어야 한다.

표 3.3 CCL 종류별 Desmear weight Loss

Swelling Temp	Sweller	Swelling Conc	Swelling Time	FR-4	high Tg FR-4	BT
55℃	Hole Cleaner A/B	20%	6min	0.135	0.02	0.024
70℃	Solvent Ⅱ	40%	5min	0.402	0.07	0.049

위 표 3.3에서 보듯이 Desmear의 etch rate에 결정적인 역할을 하는 Sweller의 종류별/조건별 Test 결과, FR-4에 비해 high Tg Fr-4가 현저히 etch율이 적어 weight Loss가 적은 것을 알 수 있다.

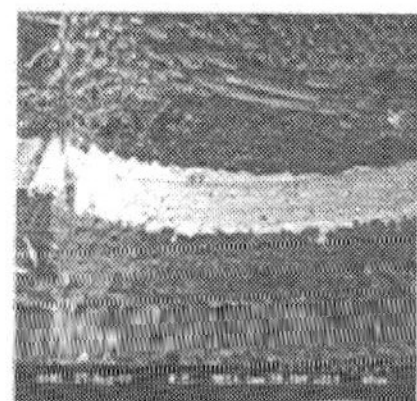

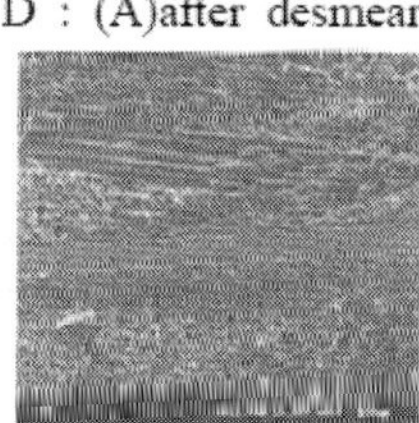

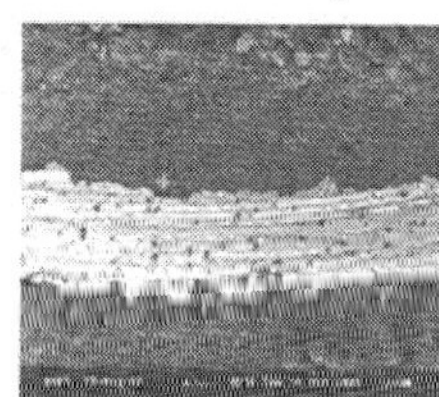

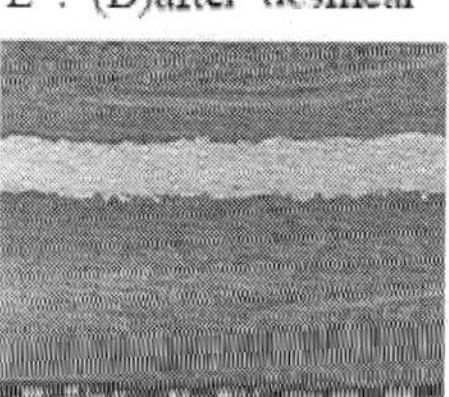

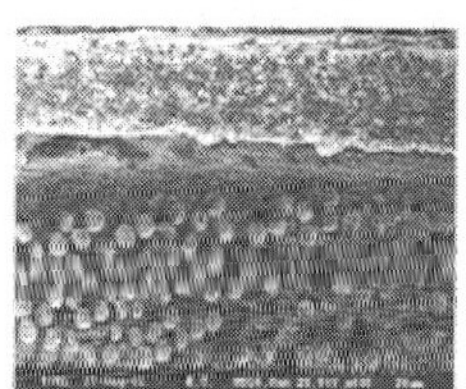

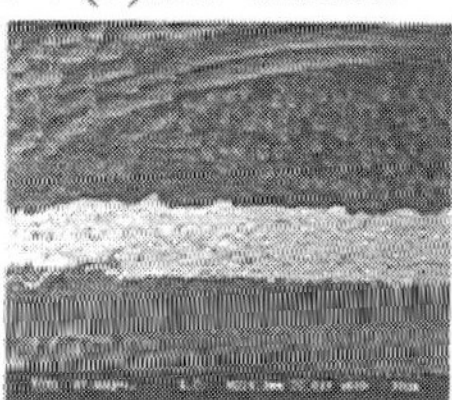

그림 3.8　high Tg Laminate Drill 및 Desmear 후의 hole의 SEM 사진 결과

위 그림 3.8에서 보면 Drill의 Bit rpm이 20% 낮을 경우, Smear 발생 및 desmear 후에도 미세 잔존하는 것이 확인이 되고, rpm 속도를 표준 이상으로 하여야 상태가 좋음을 알 수 있다.

4) 열적 특성

열적 특성 Test는 다음과 같이 하여 평가되었다.

① PCT : 121℃, 2atm

② Solder dip Test : 288℃, 60초

③ Thermal shock Test : 288℃, 10초, 6cycles

Test 결과는 delammation 등이 없이 양호하였다.

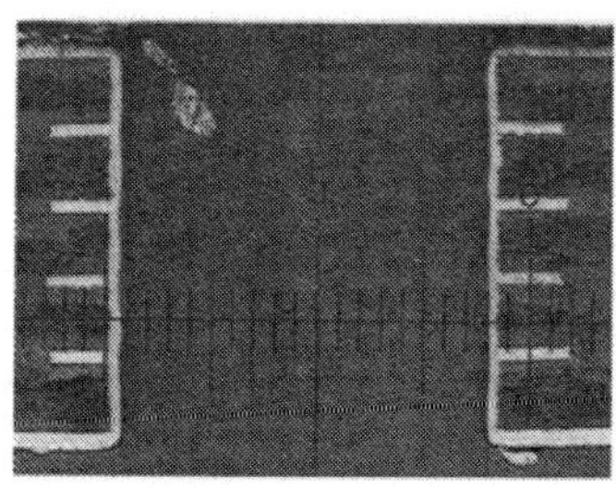

그림 3.9　thermal stress, float test 결과 사진

3.2.1 개요

PCB 산업에 Build up 공정의 Semi-additive 공법화와 high speed화는 저 유전율(Dk), 저유전 손실(Df)의 재료 개발을 부추긴다.

3.2.2 PCB 재료의 발전 경향

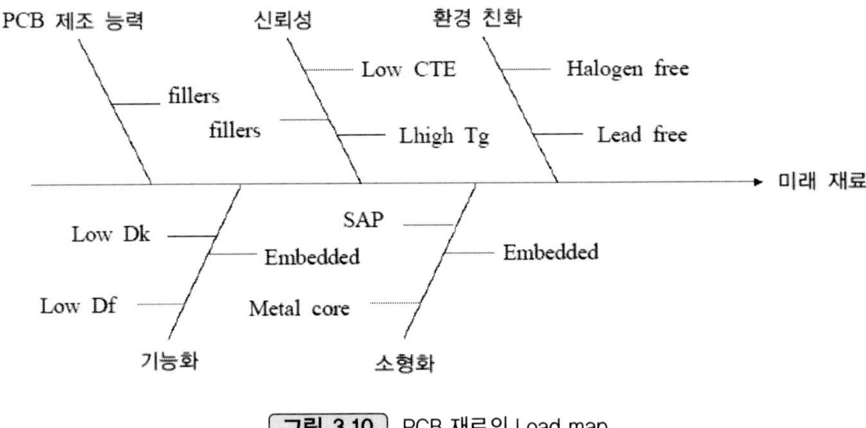

그림 3.10 PCB 재료의 Load map

3.2.3 Low Dk 재료

Low Dk 재료 개발의 선두는 GETEK사의 GE electromaterials에서 개발에 착수하여 주로 Telecomunication, Switch 영역용에 사용되고 있다.

 Low Dk 재료 maker별 비교표

Supplier	GE	ISOLA	Nelco	Nelco	Nan Ya CCL
Material Designation	GETEK	FR408	N4000-13	N6000-21	NPLD
DK @1MHz (7628)	4.3	4.2	–	–	4.2
DK @1MHz (2116)	3.9	3.95	3.8	3.4	3.95
DK @1MHz (1080)	3.8	3.85	3.5	3.2	3.68
Tg by DMA(℃)	150/173	185	220	210	173
Tg by TMA	165	175	180	170	160
Z-CTF α1/α2	51/386	80/330	[illegible]	[illegible]	[illegible]
Status	Mass Production	Mass Production	Mass Production	Mass Production	Prototype

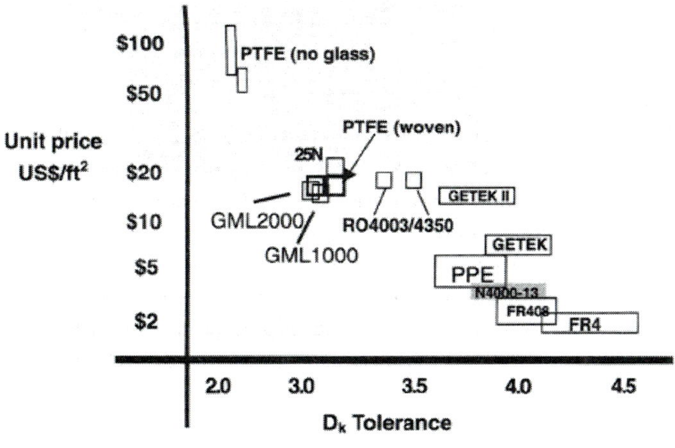

 여러 Low Dk 재료 VS. Cost

앞에서 PCB 재료의 Load map에서 보듯이 Low Dk 재료의 신뢰성 및 제조 능력적인 측면에서 filler는 중요한 역할을 한다. 즉, filler 농도는 drill 된 홀과 도금된 Cu와의 접착 강도에 큰 영향을 미치는 것으로 나타난다.

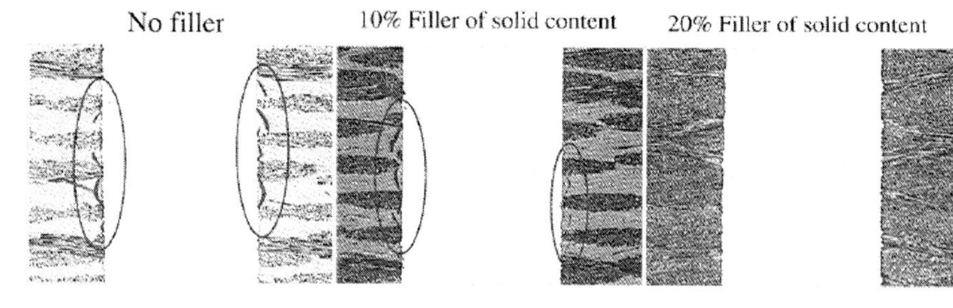

No filler   10% Filler of solid content   20% Filler of solid content

그림 3.12 PTH 신뢰성 VS low Dk 재료의 filler량의 비교

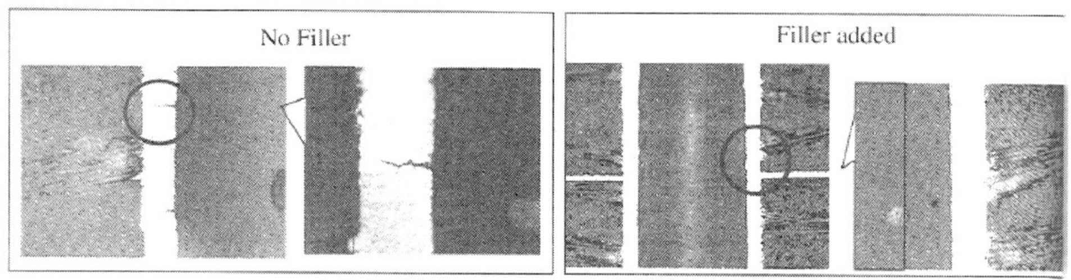

그림 3.13 ncon filler VS filler 충전 시 thermal shock(−55℃↔125℃, 1,000Cycle)후 비교 사진

또한, Low Dk 재료의 필요성은 현재 주파수대가 GHz 영역의 clock rate로, 1MHz상에서의 전자 transmission은 1GHz에서와는 큰 차이를 보이며, 전자기 효과는 Skin effect(표피효과)와 Crosstalk(교란)와 같은 효과에 크게 영향을 미친다.

표 3.5 여러 Low Dk의 특성 비교표

Supplier Name Material type Designation	Rogers CCL/pp RO4000 Series	Gil CCL GML1032	GML1034	GETEK CCL/pp GETEK II	Gore prepreg Speedboard C	Microlam 410
Resin type / Reinforcement	Hydrocarbon/ Ceramic filler/Woven glass fiber	Thermoset polyester/Woven glass fiber		PPE+SBR Resin/Woven glass fiber	PTFE/epoxy Resin/Expand PTFE	Epoxy Resin/ Filler/Expand PTFE
Dielectric Constant (test condition) Dissipation factor	2.2−3.5 (10 GHz) 0.002−0.004	3.2 (1MHz / 1GHz) 0.004	3.38 0.005	3.5−4.3 1GHz 0.0046	2.5−2.6 (1MHz / 1GHz) 0.0038/0.0035	3.2−3.4 (1MHz / 3GHz) 0.004/0.008
Water absorption	0.06 50℃/dipX48hrs	0.05 D−24/23	0.11	0.1 IPC−TM−650 2.6.2.1	0.2 95%RHx95hrs	0.13 20℃/dipx24hrs
Tensile Strength(Mpa) Tensile Modulus(Gpa)	175 11.5	276 14.5	372 18	345 −	− −	− 15
Peel Strength(Ib/in)	7.0	5.0	4.5	4.0(0.5Oz)	5(0.5Oz)/7(1Oz)	3.4
Tg(℃) DMA Tg(℃) TMA Z−CTE(ppm/K) α1/α2	N/A N/A 50 14/16	145 − 70/380 30/34	150 − 80/325 24/26	200 190 35/330 −	− 220 − −	− 220 19/− −
UL flame Rating(94)	V−0	V−0	V−0	V−0	V−0	V−0

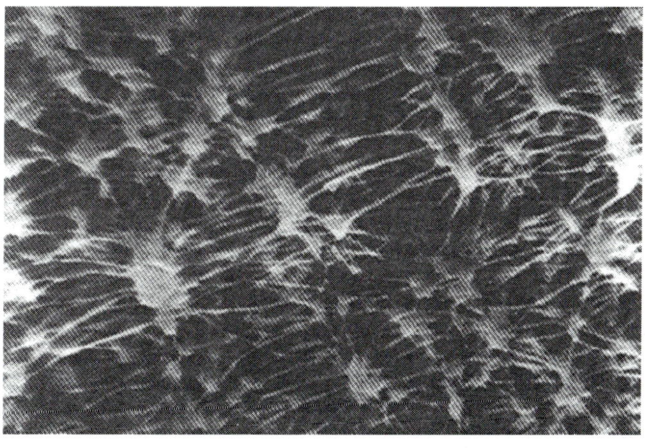

그림 3.14 개량된 PTFE의 micro structure 사진

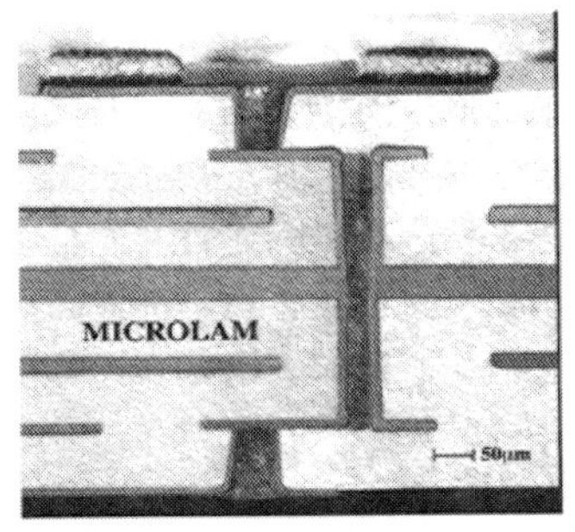

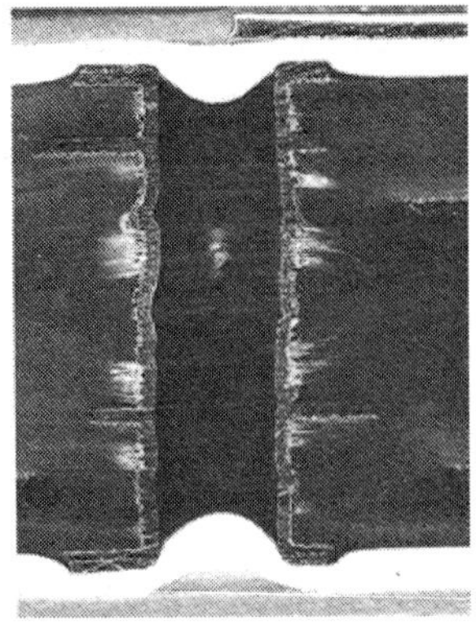

그림 3.15 Microlam 410에 의해 제조된 metal Core 구조의 7층 기판의 X-section 사진(왼쪽)과 microlam 610으로 Build up 된 (1+8+1)의 기판(오른쪽)

3.2.4 Sap(Semi additive process) Build up dielectric 재료들

1) PCB의 소형화 및 high density는 ABF(Ajinomoto Build up film)와 같은 D/F type의 절연 재료를 탄생시켰다.

2) SAP용 ABF는 fine line (20~25μm)까지도 제조 가능하다.

3) SAP에서 중요한 공정은 Cu와 절연체 사이의 접착력을 최대로 올리는 것이 관건으로 절연체의 표면적을 극대화하는 Desmear 공정 관리가 중요하다.

  Build up 재료 특성 비교표

Supplier Name	Mitsui	Ajinomoto	Nippon Paint	Zeon
Material type	RCC	film	Film	Film
Designation	MR−500	311−9K	Probicote 5000	Under develop
Resintype	Epoxy Resin	Epoxy/Phenol No0volac Resin	Epoxy−Acrylate Photosensitive	Thermoset Cycloolefin/Epoxy Resin
Dilectric Constant	3.4	4.7	4.7	2.4
(test condition)	(1GHz)	(1MHz)	(1MHz)	(1GHz)
Dissipation factor	0.02b	0.04b	0.01b	0.008
Water absorption(%)	−	2.4 Boiling −100℃x24hrs	2.4 RTx24hrs	0.07 Boiling −100℃x24hrs
Tensile Strength(Mpa)	74	70	85	60
Young's Modulus(Gpa)	3.5	3.0	2.5	2.1
Peel Strength(lb/in)	7.0	4.8	5.6	3.7
Tg(℃) DMA	150		200	162
Tg(℃) TMA	−	165	160	
Z−CRE(ppm/K) α1/α2	−	95/150	62/−	88/167
CTE(ppm/K)X/Y	−	−	−	−
UL lame Rating(g4)	V−0	V−0	V−0	V−0

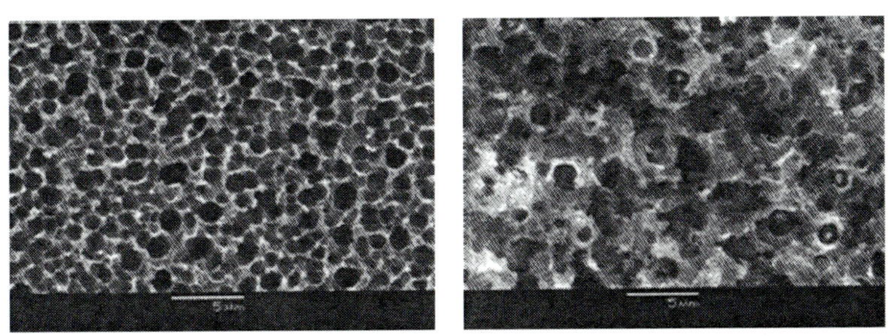

  Desmear 상태와 도금된 Cu 사이의 peel strength 사이의 비교 사진

위 그림 3.16에서 왼쪽의 약한 Desmear 처리된 표면에서 Cu와의 peel strength가 약하여 Blister가 발생하는 것으로 나왔다.

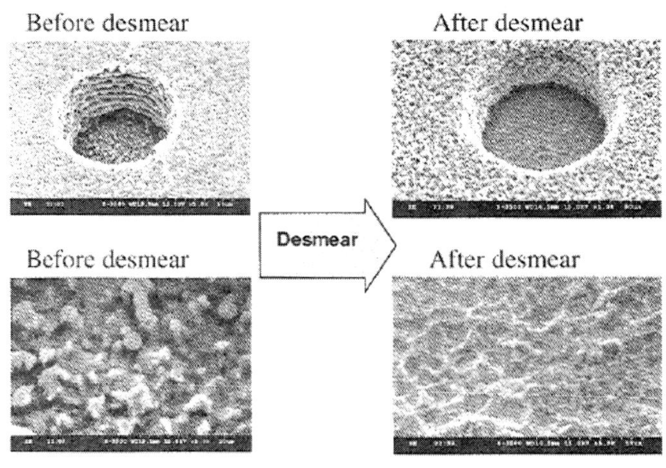

 halogen free ABF-GX의 Desmear 전·후의 SEM 사진 비교도

위 그림 3.17에서 보듯이 halogen free ABF-GX의 Desmear 처리 상태가 양호하게 되어 표면적이 극대화 되어 Cu 도금 시 양호한 밀착력을 보장할 것으로 보인다.

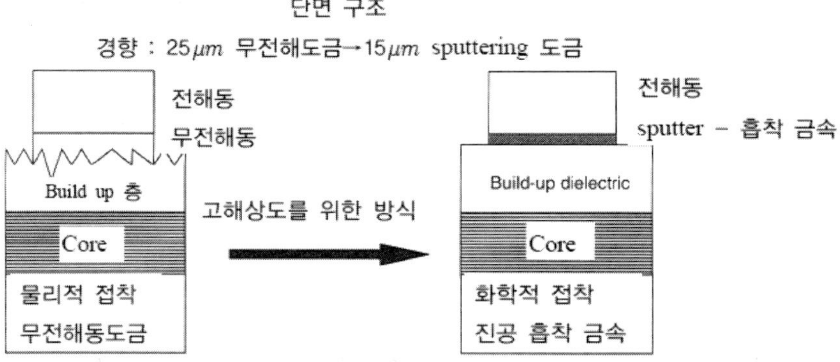

 Build up process에서 일반 desmear+electroless Cu Plating 공법과 sputtering– deposition 공법과의 차이도

위 그림 3.18에서 보듯이 Sputtering 공법에 의해 처리된 Build-up 절연층은 no Profile 덕분에 Signal transmission noise(신호 전송 노이즈)가 현저히 감소되어 신호 전송에서 훨씬 유리하다. 또한, 신호 전송 시 impedance Controll이 가능하다. 즉, 이것은 고주파 신호 전송시 발생하는 Skin effect를 근본적으로 방지하기 때문에 가능한 것이다. 또한, sputtering 공법은 15㎛ 이하의 초 fine Line 제조가 가능하다는 장점도 가지고 있다.

3.3.1 개요

1) UTC는 지지층을 갖고 있는 1~9㎛ 두께의 HDI 적용에 직합한 Cu foil을 말힌다.

2) UTC의 제조는 진공 증착 및 유기 도전층 Coating 방식 + Carrier Copper foil(CCF)의 조합으로 이루어진다.

3) 적용은 direct Laser Drill, plasma Drill에 적합하다.

4) UTC는 flexible plastic 절연 film, 즉 PI, PET에 Cu를 Sputtering,　evaporation 증착하여 2층 FCCL을 제조할 수 있다.

5) 접착층의 3층 구조의 UTC의 FCCL은 fine pitch의 flexible PCB 제조에 적합하다.

3.3.2 개발 배경

1) Fine pattern 형성 시 1oz(35㎛), 1/2oz(18㎛), 1/3oz(12㎛)으로는 Line/ space(50/50㎛)을 달성하기 어렵다. 따라서 나온 것이 SAP(semi additive process)로서 여기에 대체 가능한 것이 UTC인 것이다.

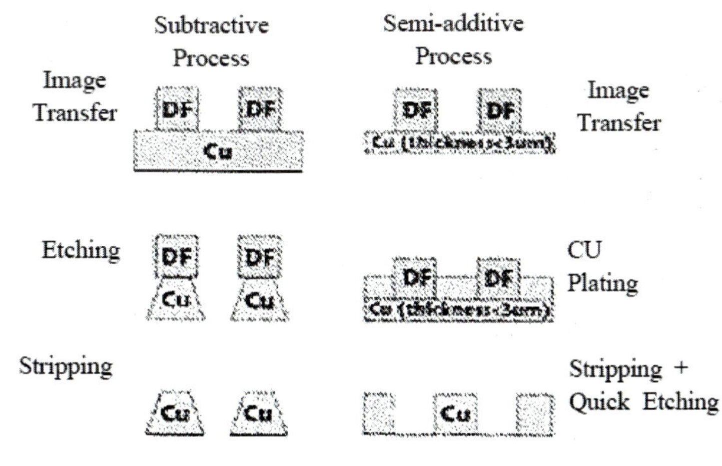

그림 3.19 Subtractive 공법과 Semi-additive 공법 비교

2) UTC 채택 시 두 가지 중요한 Base 재료로써 Carrier Copper foil과 adhesiveless FCCL이 있다.

3.3.3 CCF(Carier Copper foil)

1) 기본 구조

12μm 이하의 Cu foil은 취급 시 쉽게 주름이 생기거나 기타 불량이 야기될 수 있기 때문에 Cu foil 아래에서 지지와 보호 목적의 층이 필요하다. 구조는 다음과 같다.

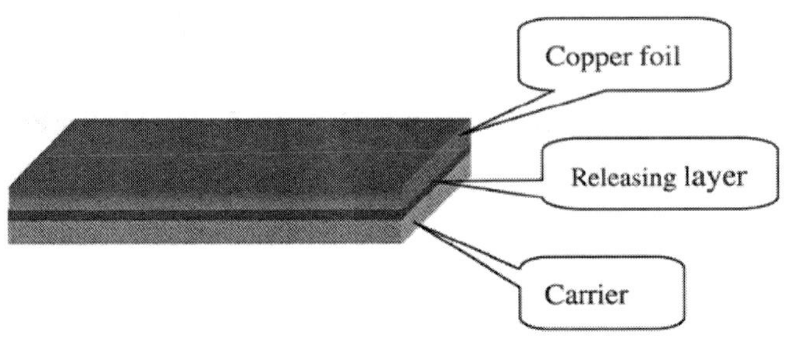

그림 3.20 CCF의 기본 구조

Carrier 재료는 일반적으로 30μm 이상의 AI foil을 많이 사용하며, Cu foil은 matte면에 modulation, thermal Barrier, anti-tarnish 처리가 되어 있다. CCF Cu foil 제조 시에 사용되는 도금액의 처리 조건, 농도, 첨가제 등은 일반 Cu foil 도금액과는 다르다.

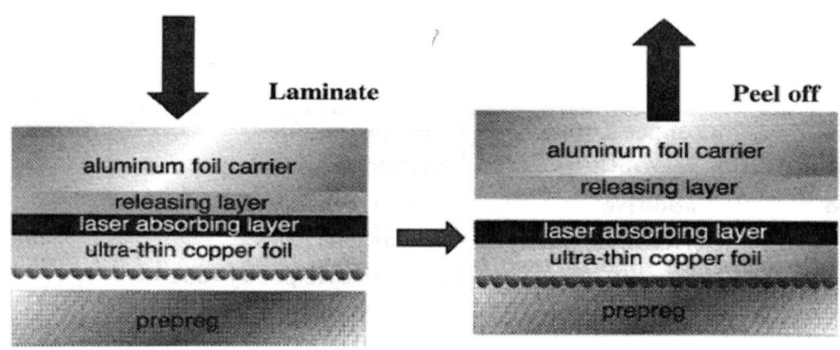

그림 3.21 CCF 사용 예(pre preg와 적층 및 Carrier 제거)

Copper Foil	Traditional CF (18–70um)	High Performance CF (18–70um)	Ultra Thin CF (<12um)
Development Schedule	1960 – 1970	1990	1990
Fabrication Processes	Drum Cathode Method	a. Drum Cathode Method b. cathode/anode/equipment modification c. electrochemical solution improvement	a. Belt Cathode Method b. Horizontal Plating Method
Electro–Plating Method	a. Copper Sulfate b. none or little additive c. electrolyte purity control d. high current density	a. copper sulfate b. additive formulation and electrochemical characteristics c. electrolyte purity control d board range of current density	As lift
Metallurgical ProPerties	a. large, columnar grain, high surface roughness b. poor mechanical strength, elongation and low etching factor c. not suitable for HDI	a. repuirements of thinner, fine–line, high b. equi–axial fine grain c. low profile d. good mechanical performance e. subsiitute for RA copper foil	a. ultra–thin b. for HDI c. very low profile d better or equal to high performance copper foil

또한, UTC의 Shinny side는 laser absorption 층이 전착되어 Direct Laser 드릴 시 가공성을 좋게 하여 준다.

표 3.8   6μm CCF의 일반 특성

Items		Typical Properties	Testing Method (IPC–TM–650)
Copper Thickness(μm)		3,6,9	2.2.12.1
Carrier Bond Strength(Kgf/cm)		≦0.05	2.4.8.4
Pcol Strength(Kgf/cm)(with FR4)		≧1.3	2.4.8.5
Matte–Side Roughness(μm)	Ra	≦0.4	2.2.17
	Rz	≧3.5	2.2.17

2) UTC foil의 장점

① 얇은 Cu foil 두께를 갖고 있으며 두께가 균일하다 이것은 제조 시에 낮은 전류 밀도를 적용하여 전기 도금하기 때문으로, 뛰어난 물리적 특성과 균일한 두께 분포가 가능하다.

② 적은 under cut과 잔류동 방지가 가능하다. Cu 두께가 얇으므로 etching 속도가 빨라 낮은 side 부식으로 under cut이 적고, 부식 용액의 잔류 가능성이 낮으므로 fine Line 에 적합하며, 잔류동 문제도 제거된다.

③ 높은 신호 완전성을 달성할 수 있다. 직각의 회로는 signal Loss, noise 감소 등의 효과 가 있어 고주파 신호 전송에 훨씬 유리하다.

3) CCF의 당면 과제

① release 층의 Strength 신뢰성

release 층의 UTC 접착 시에는 Lamination 온도, 압력 적용 후 균일한 release 강도의 유지가 필요하다. 만일, release 강도가 변화 시에는 Peel force 제어가 어렵고, 재료에 충격이 가해질 가능성이 있다.

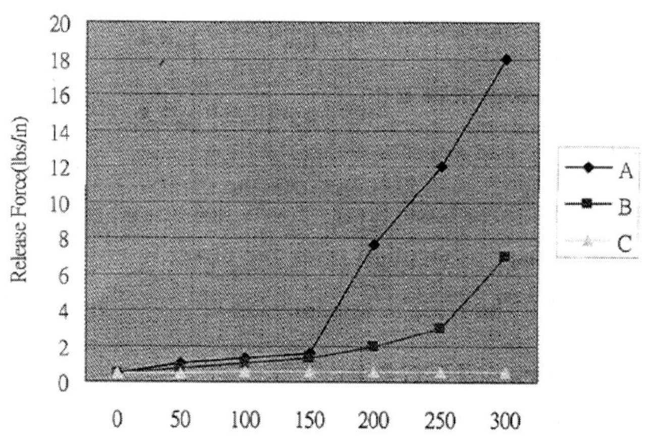

그림 3.22 변화하는 적층 온도 하의 release force 비교도

위 그림 3.22에서 보듯 C와 같이 적층 온도의 변화에 변화 없이 일정한 Release force를 갖도록 제조되어야 한다.

② Pin hole 문제

Carrier의 표면 형상은 UTC fiol에 pin hole을 야기할 가능성이 있다. 즉, Carrier의 Shiny 면의 청정도, 함인 전기동 용액의 청정도, 도금액 관리 등이 중요하다.

③ Very Low Profile 표면

UTC foil의 matte 면의 매우 낮은 표면 조도는 peel strength에 나쁜 영향을 미칠 가능성이 있다.

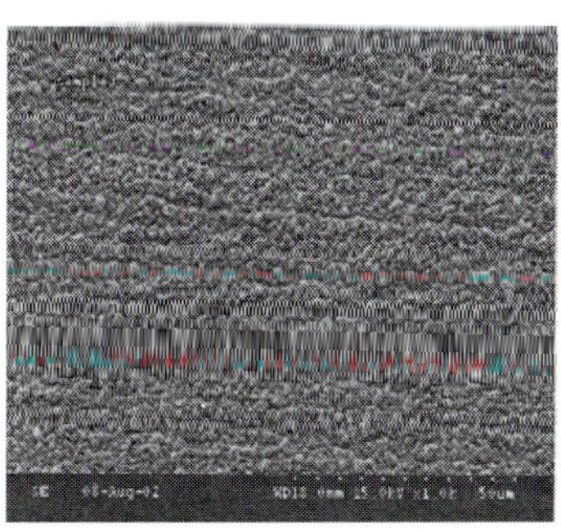
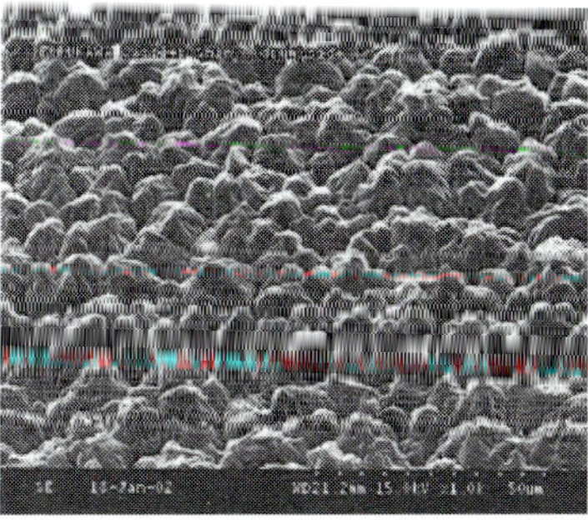

그림 3.23 일반 Cu foil의 modulation(오른쪽)과 UTC의 modulation 비교 (X4000)

3.3.4 adhesiveless FCCL

1) 기본 구조

① 일반 FCCL 구조는 3층 구조(PI film+adhesive+Cu foil)로 되어 있다. 이것은 공정 진행 시 처리온도의 제한, 열적·전기적 특성이 열악하다.

② 개량된 FCCL 구조는 2층의 adhesiveless 구조(PI film+Cu foil)로 되어 있다.

③ 제조 방법은 크게 두 가지로 나뉜다. 즉, CCF + PI를 Varnish 하는 방법과 UTC + direct depostion(Sputtering 또는 evaporation) 하는 방법이다.

그림 3.24 3층 구조(adhesive)와 2층 구조(adhesiveless)의 FCCL

④ 2층 구조의 약한 Cu foil과 PI의 접착력 문제로 tiecoat Coating이 필요하다.

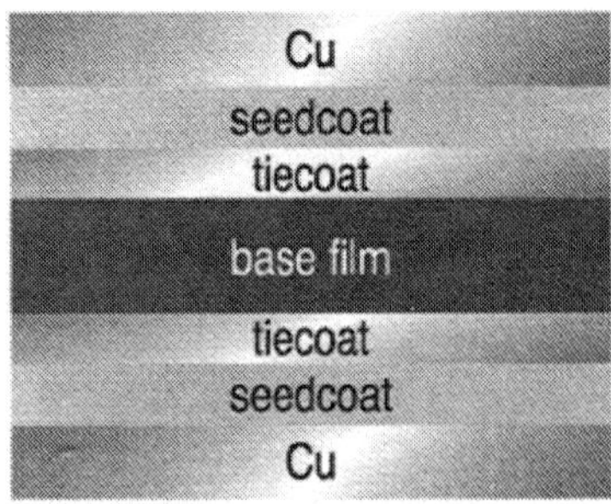

그림 3.25　sputtering/electroplating 처리된 D/S FCCL

위 그림 3.25에서 보듯이 base film(PI)의 양면에 tie coat+seed coat층이 Cu foil의 밀착력을 향상시키는 역할을 한다.

그림 3.26　Roll-to-Roll sputtering Machine 사진

2) 2층 구조의 FCCL의 특성

① 공정 처리 시 300℃ 이하에서 장기간 열적 처리를 하면 안정성이 유지된다.

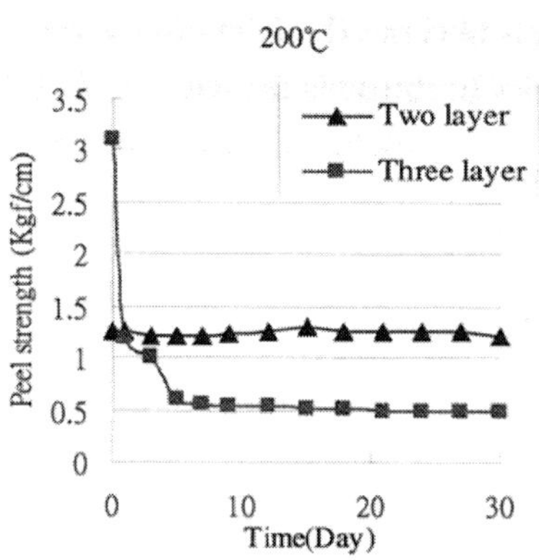

그림 3.27　2층 구조와 3층 구조 FCCL의 peel strength와 열적용/시간별 비교도

위 그림 3.27에서 알 수 있듯이 2층 FCCL의 Peel strength가 3층 FCCL보다 훨씬 높고 안정적인 것을 알 수 있다.

② 뛰어난 치수 안정성

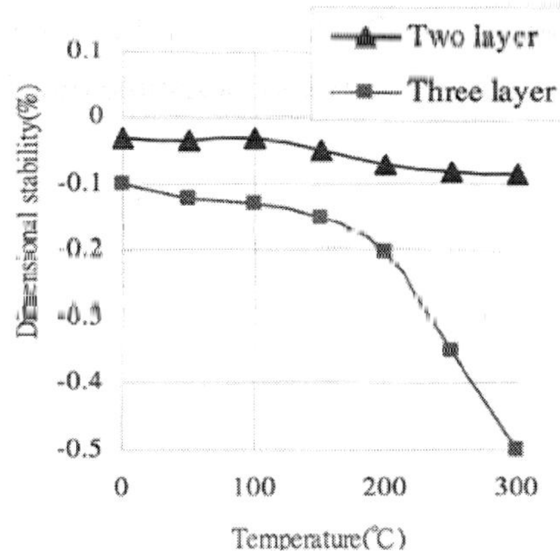

그림 3.28 2층 구조와 3층 구조의 FCCL의 치수 안정성 비교도

역시 마찬가지로 열 처리 시 2층 구조 FCCL의 치수 변화율이 3층 구조 FCCL보다 현저히 낮은 것을 알 수 있다. 특히 고온에서 차이가 크다.

③ 높은 굴곡 강도

2층 FCCL이 3층 FCCL보다 굴곡률 및 굴곡 강도가 뛰어나다.

④ 기타 특성

그 외에도 2층 FCCL의 장점은 적층 시 3층 FCCL보다 adhesive층이 없기 때문에 두께를 줄일 수 있고, 내부 Cl-성분의 적은 잔류로 이온 migration성이 적다는 점이다. 이것은 장기간 사용시 신뢰성을 보장할 수 있다는 것을 의미한다.

표 3.9 2층 구조의 FCCL의 일반적 특성

Property	Peel Strength		Solder Float Resistance 10 sec at 288℃	Copper Tolerance	Dimensional Stability
Typical Value	1.2(kgf/cm)	0.8(kgf/cm)	Pass	±7%	±0.1%
Test Method	NO.2.4.9		NO.2.4.13	NO.4.6.2	NO.2.2.4
	Method B	Method C	Method B		Method B

3.4.1 개요

1) Solvent free pre preg는 제조 공법 상 table coater와 pre preging machine에 의해 제조 가능하다.

2) Solvent free pre preg로 제조된 CCL은 일반 Solvent가 함유된 CCL에 비해 향상된 특성들이 있다.

3) 기존 pre-preg는 Varnish 점도를 낮추기 위해 aceton 및 methyethylketon(MEK) 등을 사용하며, 기타 dimethy formamide, ethylen glycol monomethy ether, proptylene glycol monomethyl ether 등의 유독성 용제가 epoxy 경화제에 용해되어 dicyandiamide(DICY)를 생성하는데 이는 인체에 유해하다.

3.4.2 특성 비교

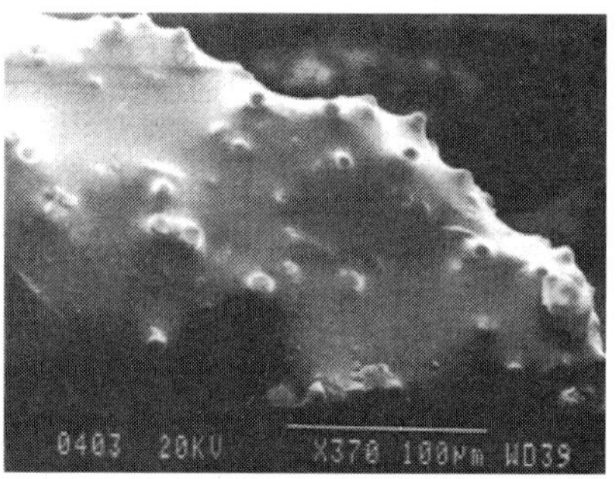

그림 3.29 pre-preg의 fiber 전자 현미경 사진

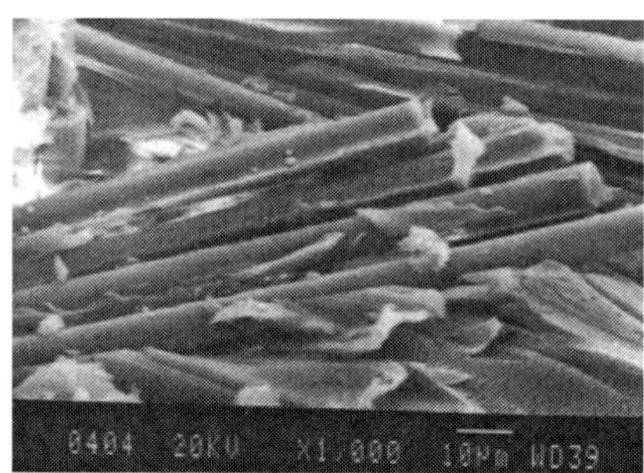

그림 3.30 적층 후 Laminate의 전자 현미경 사진

1) Solvent free pre-preg는 resin의 fiber 내로의 뛰어난 wetting성을 들 수 있다. 수지의 함침
이 잘된다는 것이다.

2) 함침의 결과, Laminate 적층 후 Void가 없는 것으로 확인되었다.

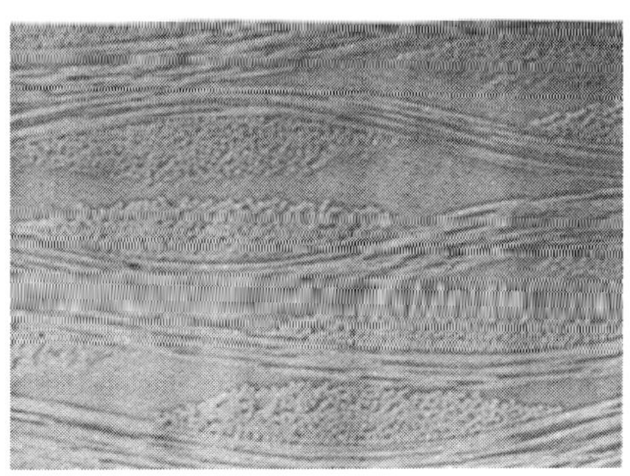

 Solvent free pre preg Laminate의 X-Section 도

 Solvent free Laminate의 특성

Laminate properties	Table coater	Lab. prepregging M/C
Tg(℃)	151	158(La.)
CTE(Z-axis, above Tg, ppm/℃)	215	229
Flammability(UL94)	V-5	V-0
Flexural strength(Psi)	61,900	59,407
Peeling strength(1oz Xopper, 1b/in)	–	9.5
T-260(min)	–	25
Water uptake(%)	0.20	0.19

위 표 3.10은 두 가지 제조 방식(Table Coater와 pre pregging M/C)의 차이를 비교 설
명하고 있다.

그림 3.32   prepregging 공정의 Solvent free pre-preg 제조 사진

3.5   LCP(Liquid Crystal Polymer)

3.5.1 개요

LCP는 flexible PCB 제조에 적합한 절연 재료이다. 주요 특성은 다음과 같다.

1) 열 팽창 계수(CTE)는 17ppm/℃로 Cu의 열 팽창 계수와 거의 동일하여 공정 진행 시 변형이 잘 안 된다.

2) 치수 안정성이 0.05% 이하로 타 재료에 비해 안정적이다.

3) high speed 전송 회로에 맞게 Dk(유전율)은 2.9로 낮다.

4) 또한 안정적인 전기 특성을 유지하기 위한 낮은 Df(=0.002)를 갖는다.

5) 고온에서 안정적이고, 환경 친화적이다.

6) halogen free로 친환경적이다.

3.5.2 LCP 기판의 장점

1) adhesive 층이 없으므로 두께를 줄일 수 있다.

2) 얇은 고밀도 Chip package, LCD Drivers에 적용이 가능하다.

3) plating via hole의 신뢰성, 휨 등에서 기존의 PI보다 우월하다.

4) 열적 안정성, 치수 안정성이 우수하다.

3.5.3 적용

1) 컴퓨터 : IC Packages(TBGA, CSP), inkjet Cartridge Circuits, LCD driver Circuits

2) 네트워크 및 전송 장치 : flex connector(routers, switches, Servers), high speed jumper cables

3) automotive : Engine Control modules, Collision avoidance Systems, Under hood Controls

4) medical : hearing aids

5) military and aerospace : RF antenna, Satelites, Radar System

3.5.4 LCP의 재료 해석

1) Package size/weight reduction

① film 두께는 25㎛ 이하 film에 적합하다.

② 12㎛ 이하의 Cu를 적층할 수 있다. 또한, Sputtering 공법 적용 시 6㎛ 이하까지도 가능하다.

2) 아주 낮은 흡습률

흡습률이 0.04% 이하로 낮다.

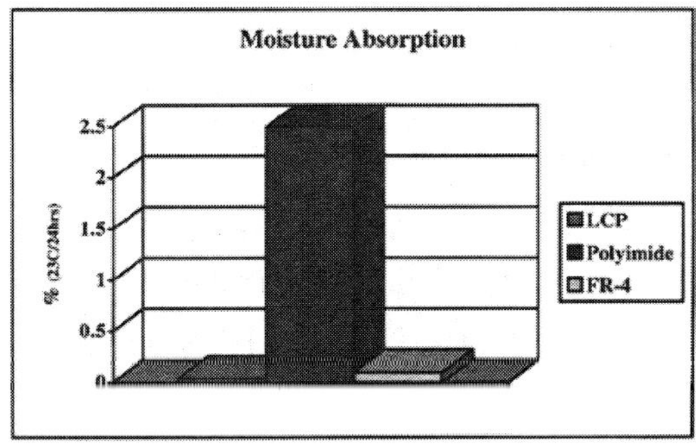

그림 3.33 LCP 흡습률 비교도

3) 단축된 제조 시간

저 흡습률로 backing cycle time을 최소로 실시해도 되므로 제조 시간이 줄어든다.

4) 향상된 신뢰성 및 안정성

① 저 흡습률로 안정된 전기적 특성을 갖는다. 즉, 넓은 범위의 환경 조건에서도 안정적이다.

② 저 흡습률로 부식성 및 Solder 결함이 거의 없다.

5) Impedance Control 회로에 적절하다.

① LCP의 얇고, 균일한 두께, 균일한 Dk는 Impedance Control을 40~60Ω 유지가 가능하게 한다.

② Impedance가 50±5% 내로 유지 가능하다.

6) 매우 뛰어난 치수 안정성

① 수축성이 매우 낮다.

② 치수 안정성은 ±0.05% 이내이다.

③ 따라서, 필름 보상치 적용을 최소로 할 수 있다.

7) 뛰어난 내성

① chemical 및 환경에 대한 내성이 뛰어나다.

② inkjet printer의 약통(Cartridge)의 Tab 회로 적용에 적합하다.

8) 열 팽창 계수의 적합성

① 열 팽창 계수는 Cu의 CTE와 거의 동일하다.

② X, Y 축의 열 팽창 계수는 17ppm/℃로 최소 필름 보정치 적용이 가능하다.

9) 양호한 접착력

Cu와의 peel strength는 기준 이상이다.

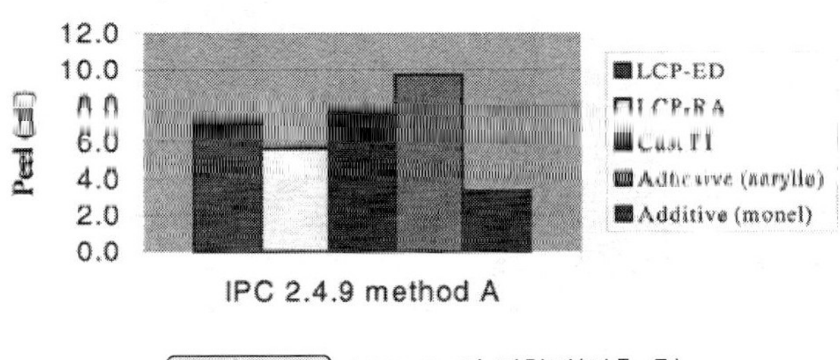

그림 3.34 LCP-Cu의 접착력(적층 후)

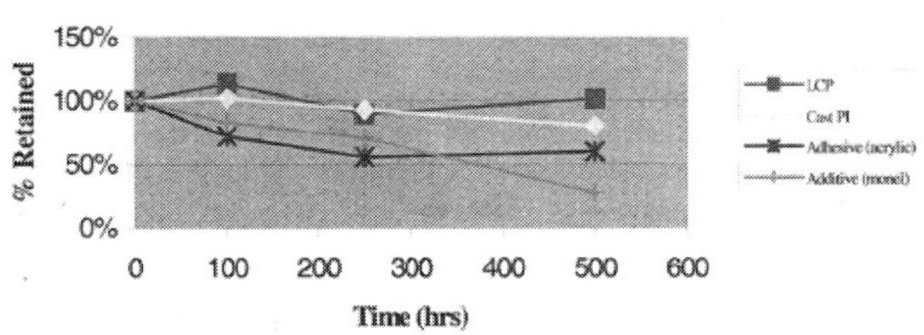

그림 3.35 85℃, 85% RH 처리 후 LCP-Cu의 접착력 비교

3.5.5 LCP Lamination

LCP Lamination 시 수율을 높이기 위해 Contamination 없는 제조 환경이 필요하며, 보통 Lamination room은 Class 10,000 유지를 기본으로 한다.

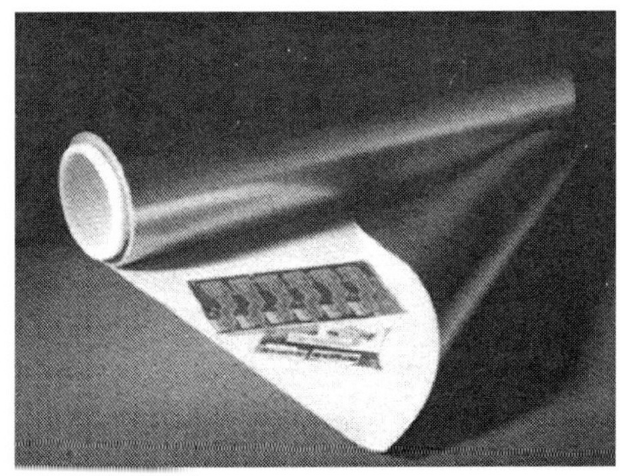

그림 3.36 LCP 사진 (2mil LCP/0.5oz 전해 동박)

3.5.6 LCP flexible PCB 제조 방법

1) pre-baking

① 타 CCL과 달리 LCP는 저 흡습률로 처리할 필요가 없다.

② 예방 차원에서 125℃, 15분 정도의 짧은 Baking이 추천된다.

2) pre-clean/Dry

① 황산 또는 불산 수용액의 100℃ 이하에서 침적 처리한다.

② D.I 수세 및 건조(125℃, 30분) 처리한다.

3) photolithography

① 일반 flexible 제조 공정이 적용된다.

② 해상도가 $50/50\,\mu m$ 회로 제조가 가능하다.

③ LCP의 L(Length) 방향에 $-12\,\mu m/inch$, C(Cross) 방향에 $+6\,\mu m/inch$ 보정률을 적용한다. 세부 공정은 다음과 같다.

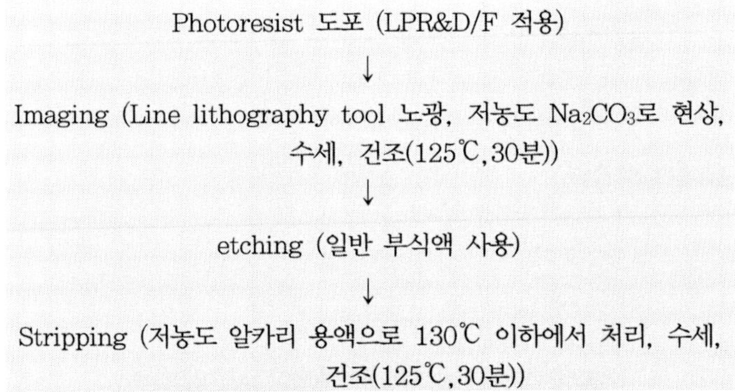

4) Drilling

① mechanical 드릴

infeed rate(chip load)는 0.05~0.08mm/rev, Cutting 속도는 200~300ft/분, refeed rate는 fast로 가공한다.

② Laser 드릴

일반적으로 CO_2는 10배, Yag는 3배 정도 가공이 가능하고, MnO_4 또는 O_2 Plasma 처리로써 Laser 잔류 Smear 세척이 필요하다.

5) etch Back

etch Back은 필요 시 처리하는데 oplasma가 효율적이며 $CF_4/N_2/O_2$ gas로는 10~15분, N_2/O_2 gas로는 20~30분 처리가 적당하다. 이 plasma system은 6,000~8,500 Watt의 Power를 적용하는 것이 일반적이다.

6) plating

도금은 Direct metal plating(특히, Shadow Plating)이 가장 좋고, 무전해 동도금 적용 시에는 낮은 도금급구 최저 조건에서 처리해 주어야 하는데, 거의 모든 finish 처리 적용이 가능하나.

7) Solder mask 또는 Cover film

Solder mask는 epoxy Base S/M 가 적합하며, Rigid-fiex 및 FR Coverlayer 소재에 도 적합하다.

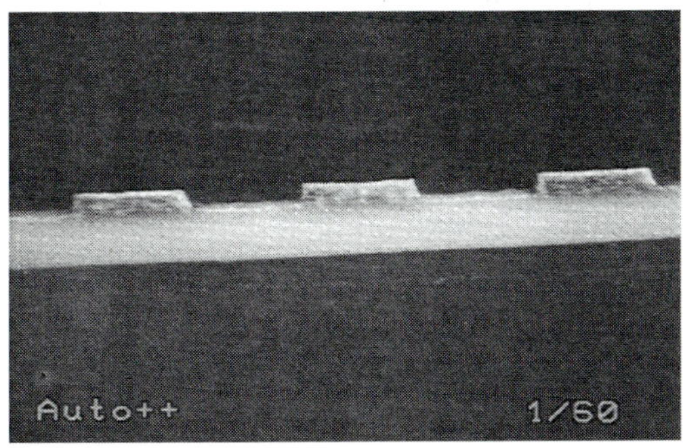

그림 3.37 LCP로 제조된 sigle clad LCP 기판 모습(3mil/3mil(L/S)의 회로를 갖는 2mil 두께의 LCP (0.5oz 전해 동박))(측면)

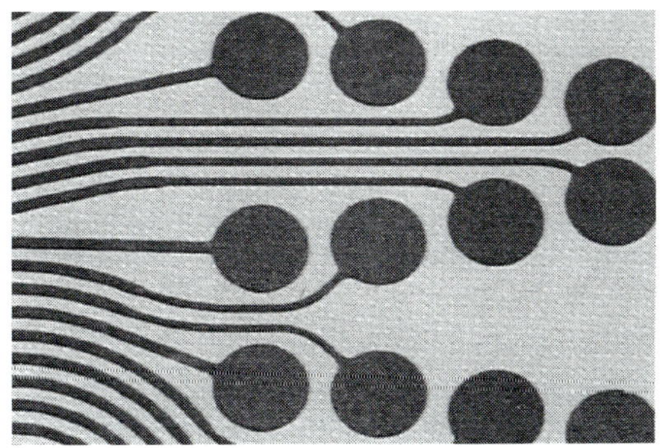

그림 3.38 그림 3.37의 윗면 모습

3.6.1 개요

1) 현재 PCB 산업에서는 halogen Base의 난연성의 브롬(Br)이 첨가된 epoxy resin의 FR-4 CCL이 많이 쓰인다.

2) 환경 영향을 미치는 문제로 현재 환경 친화적인 재료가 개발되었다.

3) halogen free Laminate는 일반적으로 140~150℃의 Tg를 갖는데 이것의 내열 강도를 높이기 위해 high Tg halogen free Laminate를 개발하고 있다.

4) high Tg halogen free PCB

　① high Tg를 갖는다.
　② 뛰어난 내열성과 lead free 적용을 위한 열적 안정성을 갖는다.
　③ 일반 FR-4 제조 공정과 동일하다.
　④ halogen, antimony, red phosphorus free이다.

3.6.2 특성

1) flame retardancy(난연제)

　① Base는 phosphorus이다.
　② mechanism은 다음과 같다.

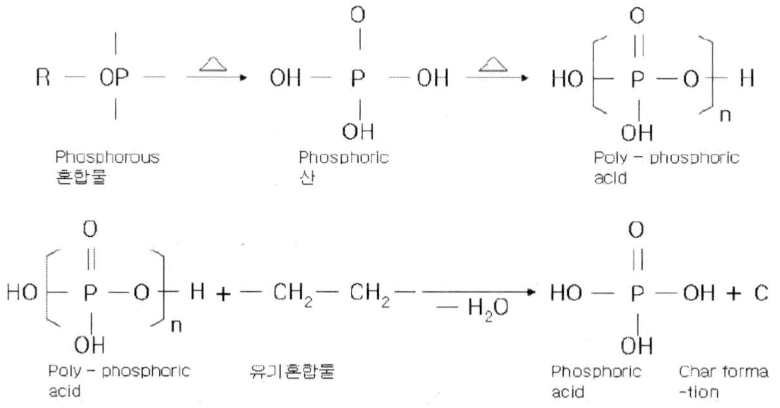

그림 3.39　flame – retardancy mechanism of phosphorous – type combination system

2) inorganic(무기물)-filler(충진제) 혼합물의 영향

① inorganic-filler Compound(무기 충진 혼합물)로 AI(OH)3 등의 성분이 들어 있는데, 이것이 flame retardants의 역할을 한다.

② resin량을 감소하고 수소계 무기 충진 하량은 증가하므로, flame retardant 효과가 있니.

③

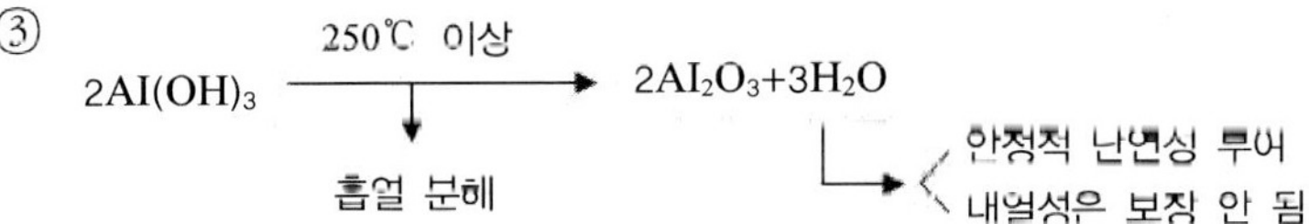

아래 그림 3.40에서 수소계 filler ATH의 농도가 높아짐에 따라 난연성과 내열성이 인께 떨어지는 것을 알 수 있다.

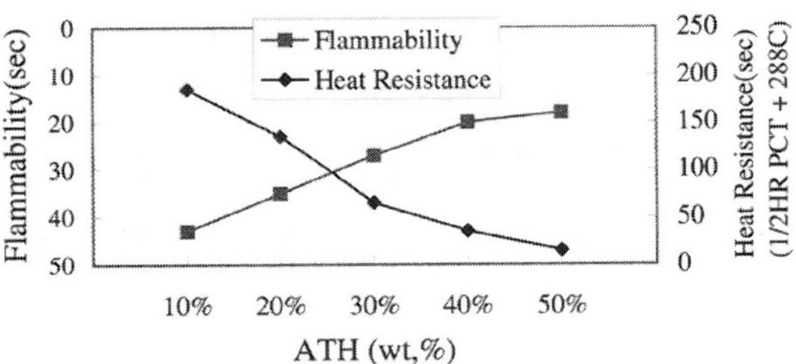

그림 3.40 수소계 filler ATH(halogen free Laminate 내의)의 영향

④ high Tg halogen free Laminate는 반응성 type의 Phosphorous flame retardant를 함유한 것이 필요하다.

3) 일반적인 성질

표 3.11 high Tg halogen free Laminate의 일반적 성질

Characteristics	Unit	Conditioning	High Tg Halogen-Free	Conventional FR-4
Volume resistance	MΩ-cm	C-96/35/60	2.7×108	2.6×107
Surface resistance	MΩ	—	1.9×107	1.3×107
Permitivity(1MHZ)	−	C-24/23/50	4.63	4.58

Loss tangent(1MHZ)	–	C/24/23/50	0.014	0.018
Flammability	–	C–24/23/50+E–24/125	94V0	94V0
Peel strength 1oz	LB/in	288℃×10" Solder float	9.0	11
Solder heat resistance	Sec	288℃ dipping	200 ↑	200 ↑
Glass transition temp	℃	DSC	172	140
		TMA	161	128
Coefficient of thermal expansion Z–axis before Tg	ppm/℃	TMA	35.3	57.1
Z–axis after Tg	ppm/℃	TMA	160	298
XY axis	ppm/℃	TMA	11~14	15~18

일반 FR-4보다 Tg는 높고(TMA법 : 161℃) 열 팽창 계수(CTE)는 X, Y, Z 축에서 모두 낮다. 이것은 P.T.H의 신뢰성을 높인다.

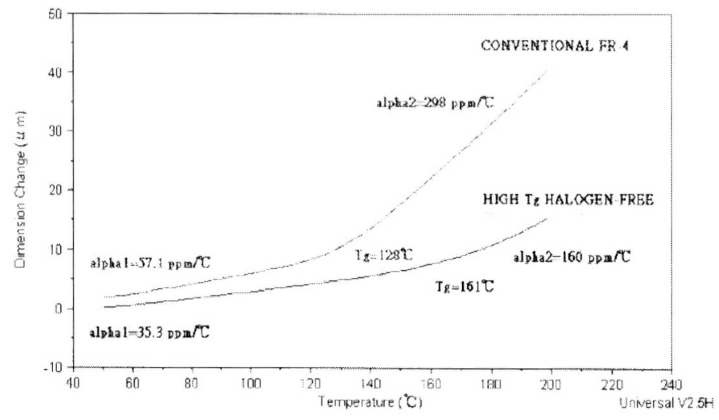

그림 3.41 high Tg halogen free FR-4와 FR-4 간의 Z축 열 팽창 계수의 차이도

위 그림 3.41에서 보면 high Tg halogen free FR-4는 일반 FR-4에 비해 낮은 열 팽창 계수를 갖는다. 특히, $\alpha2$(고온 열 팽창 계수)에서 큰 차이를 보이고 있다.

4) 장기간 열적 조건에서의 Cu의 peel strength

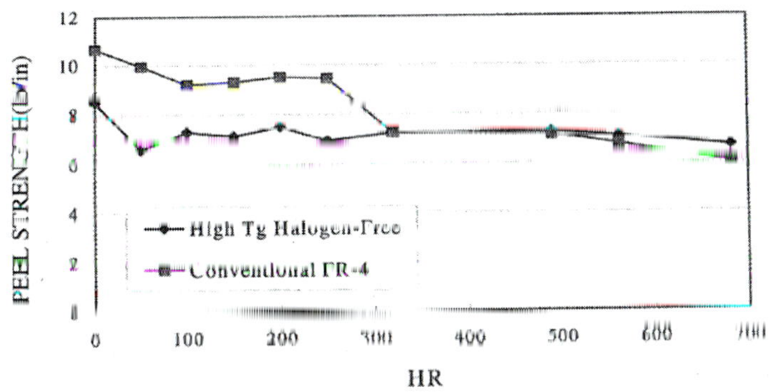

그림 3.42 장기간 열적 환경 하에서의 Cu의 peel strength 차이도

① 보통의 조건에서 FR-4보다 peel strength가 떨어진다.

② 장기간 조건(177℃ 이하에서)에서는 peel strenth 하강률이 FR-4보다 느리다.

③ TGA Test 결과 high Tg halogen free Laminate가 뛰어난 열적 안정성을 보인다.

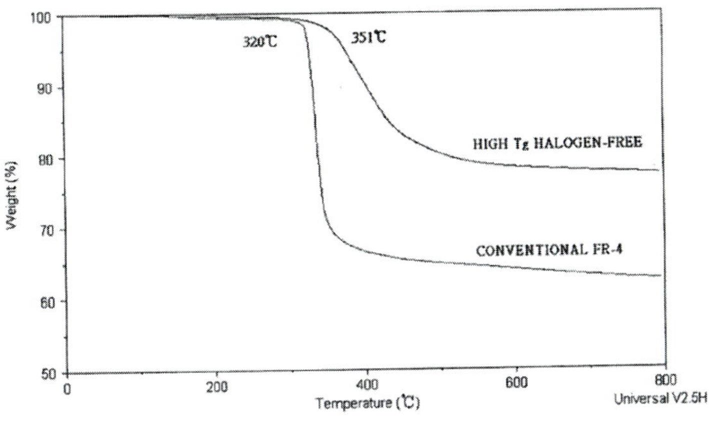

그림 3.43 high Tg halogen free와 일반 FR-4의 TGA Test 비교

④ Lead free 공정에서 특히 신뢰성이 보장된다.

5) 공정 특성들

① Bonding 조건

Melting Viscosity의 특성도는 아래와 같다.

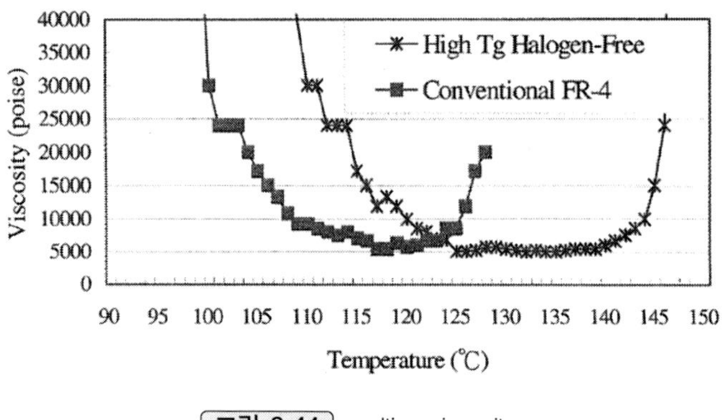

그림 3.44 melting viscosity

위 그림 3.44에서 보듯 high Tg halogen free Laminate의 melting range가 일반 FR-4보다 훨씬 높다. 이것은 작업 범위가 FR-4보다 넓다는 것을 의미한다.

② Chemical resistance

공정 약품에 대한 내성은 아래 그림과 같다.

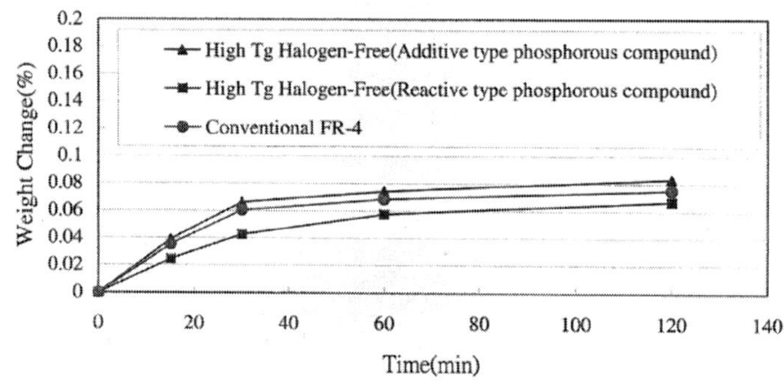

그림 3.45 NaoH 수용액(72℃, 40g/l)에 침적 후 무게 손실량도

위 그림 3.45에서 high Tg halogen free Laminate의 경우 반응성 type이 첨가성 type보다 무게 손실이 적다.

③ 신뢰성 Test

Termal Shock Test 결과는 다음과 같다.

Test	조건	결과
Thermal shock Test	−65℃ (30분) ↔ RT (5분) ↔ 125℃ (30분)	1,000cycle 후 저항 변화 ; 10% 이내

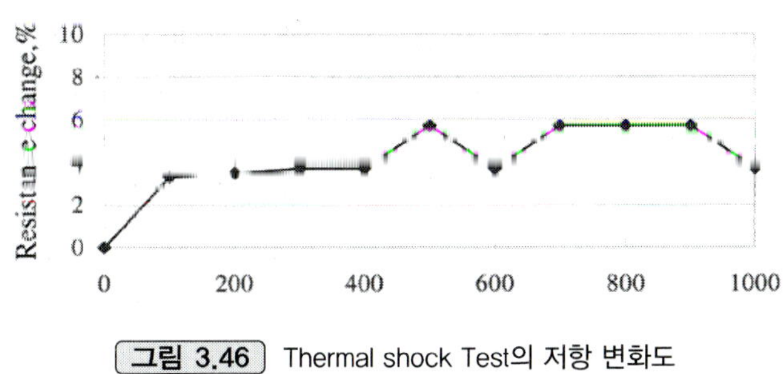

그림 3.46　Thermal shock Test의 저항 변화도

위 그림 3.46에서 보면 Thermal Shock Test Cycle 수가 상승함에 따라 저항 변화율이 상승하지만 크게 상승하지는 않는다.

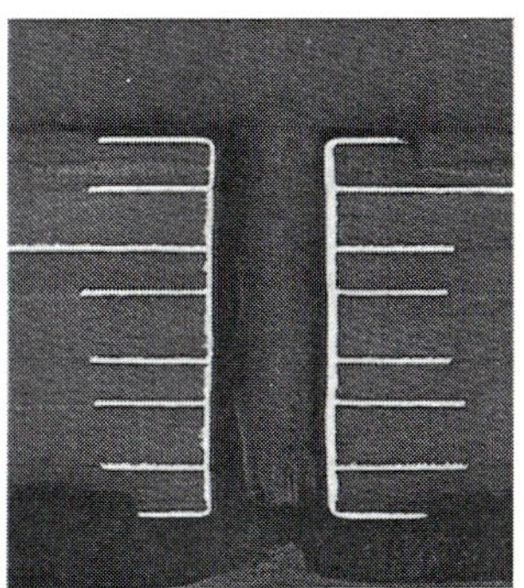

그림 3.47　Thermal shock Test cycles(1,000회) 후의 홀 속 X-section 사진

위 그림 3.47에서, Through hole의 Thermal shock 1,000 Cycle 후에도 홀 속 신뢰성에 문제가 없음을 알 수 있다. Thermal Stress Test 결과는 아래 그림과 같다.

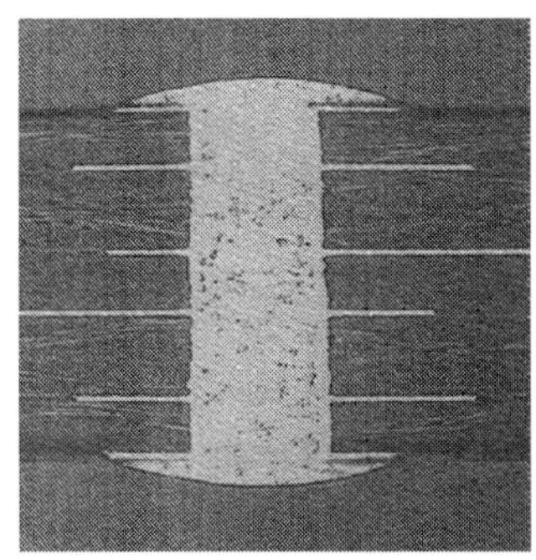

그림 3.48 솔더 dip(288℃, 10초, 6회) 후의 홀 속 X-section 사진

위 그림 3.48에서 보듯이 Thermal Stress Test 결과 역시 양호한 것으로 나타났다. 즉, delamination, resin recession, hole wall pull away 등이 없다. CAF(Conductive Anodic Fillament)Test 결과는 다음과 같다.

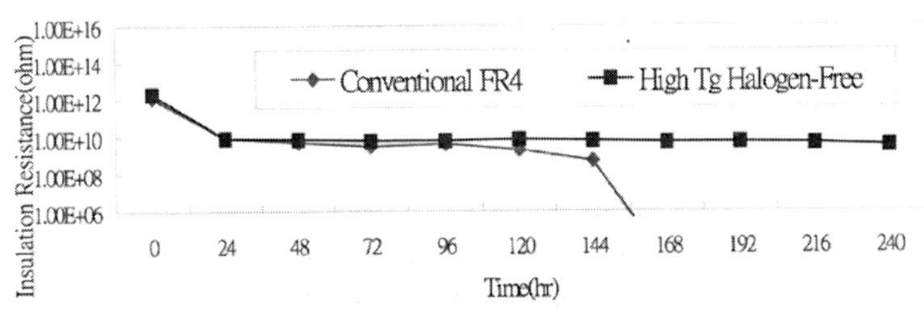

그림 3.49 high Tg halogen free와 일반 FR-4의 CAF Test 비교도

위 그림 3.49에서 보듯 120 시간 후 절연 저항이 FR-4에서 급격히 떨어짐을 알 수 있고, high Tg halogen free는 240 시간 후에도 일정함을 알 수 있다. Test 조건은 아래와 같았다.

- PCB 두께 : 1.6㎜
- 시험 전압 : 50V DC
- hole wall 간 간격 : 0.4㎜
- 조건 : 85℃ / 85% RH
- hole $\varnothing$: 0.35㎜

3.7.1 Laser 드릴용 재료

1) 일반 재료와 비교 시 glass fiber 분포에 차이가 있다.

2) 일반 재료와 비교 시 glass fiber 분포가 훨씬 균일한 분포로 되어 있다.

3) 일반 재료는 공동 부위와 glass 부위의 Laser 광의 energy 차이가 발생하나,

그림 3.50 Laser 드릴용 1080

그림 3.51 Laser 드릴용 106

그림 3.52   일반 FR-4 1080

3.7.2 Laser 드릴 홀 품질 비교

1) CO_2 Laser 드릴

표 3.12   Laser 드릴 조건

	Pulses(shot)	pulse energy(mj/shot)	총 energy(mj)	
1080 106	8	5.8	46.4	※홀Φ; 0.15Φ
LD 1080 LD 106	5	7.5	37.5	

일반 1080/106의 glass fiber가 충분한 부분에서만 Via 홀의 품질이 양호하고, 공동 부위에서는 찌그러진 홀이 형성되었다. 이것은 Laser energy가 glass fiber resin이 풍부한 부분에서는 적절하지만, 공동 부위에서는 과다하여 resin을 과도하게 제거하기 때문에 발생하는 것으로 분석된다. 아래 그림은 이것을 보여 주고 있다.

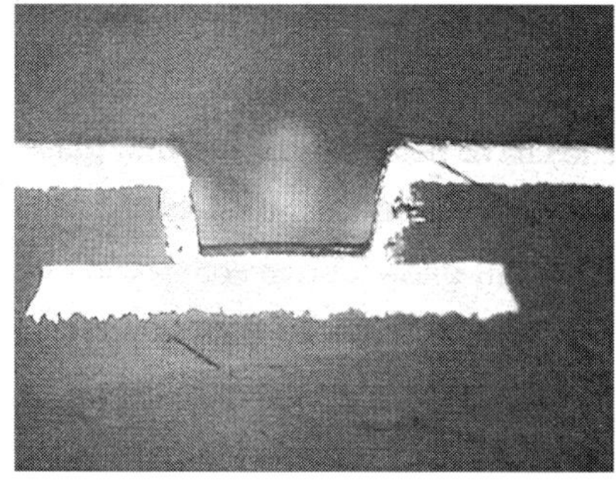

그림 3.53   일반 1080 glass fiber의 고밀도 영역에 위치한 via 홀

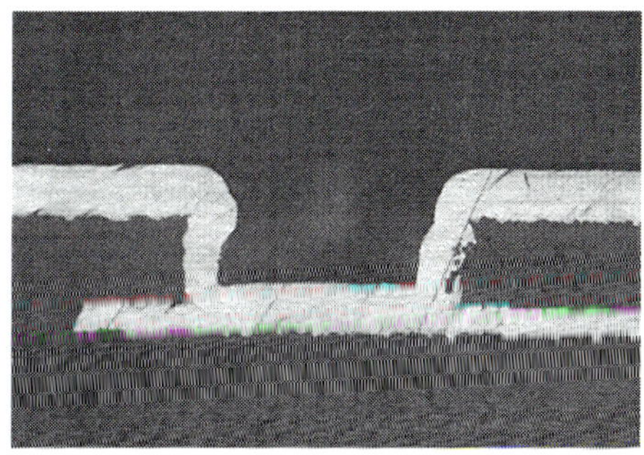

LD(Laser Drill용) 1080/1067의 균일한 glass의 분포로, 고정된 Laser energy로 좋은 품질의 Via 홀 형성을 가능하게 한다.

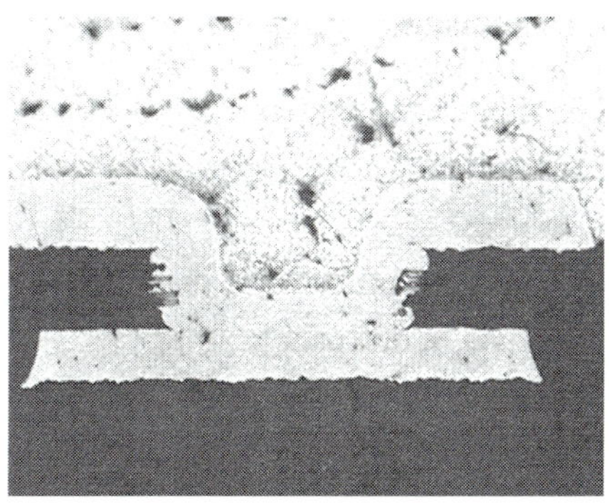

그림 3.55　LD 106의 Laser 가공된 Via 형상

그림 3.56　LD 1080의 Laser 가공된 Via 형상

2) 생산성과 원가

① LD 1080/일반 1080/RCC 비교

표 3.13 생산성 비교

	RCC	1080	LD1080
Via Φ	6 mils (0.15Φ)		
Via 수	31.272		
드릴 시간(min/PNL)	3.82	7.92	5.58
생산량(PNL/day)	358	173	217

위 표 3.13에서 보면 LD 1080은 일반 1080보다는 생산성이 높고, RCC보다는 생산성이 낮은 것으로 나타난다. 여기서 LD 1080이 일반 1080보다 생산성이 높은 것은 Laser 광의 적은 pulse 적용으로 가능하였다.

표 3.14 단가 비교

	RCC	1080	LD1080	
가치 하락 유지 관리 작업 단가	C	A	B	A : 고단가 B : 중단가 C : 저단가
재 료	A	C	B	
총 단 가	A	B	C	

위 표 3.14 단가 비교표에서 알 수 있듯이 총 단가 개념으로 볼 경우 LD 1080이 가장 적은 단가를 보였다.

3) 2ply pre preg의 Laser 드릴성

① 일반 1080과 LD 1080의 2ply pre preg 적용 시 모두 glass fiber가 겹치는 부분에서 드릴 어려움이 있어 Via 홀 신뢰성에 영향을 끼침을 알 수 있다.

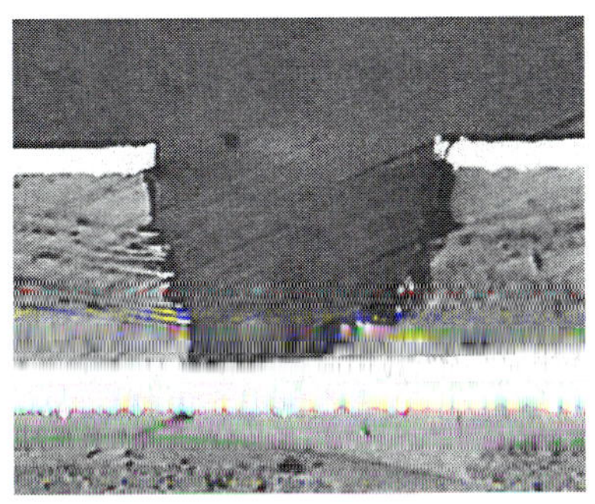

그림 3.57 LD1080 2ply의 glass fiber 겹치는 부분이 CO_2 Laser 느릴 후 Via 형상

② LD 106의 2ply pre preg 적용 시에는 좋은 Via 품질 형성이 가능했는데, 이것은 LD106 이 LD 1080보다 적은 glass 무게 때문으로 분석된다.

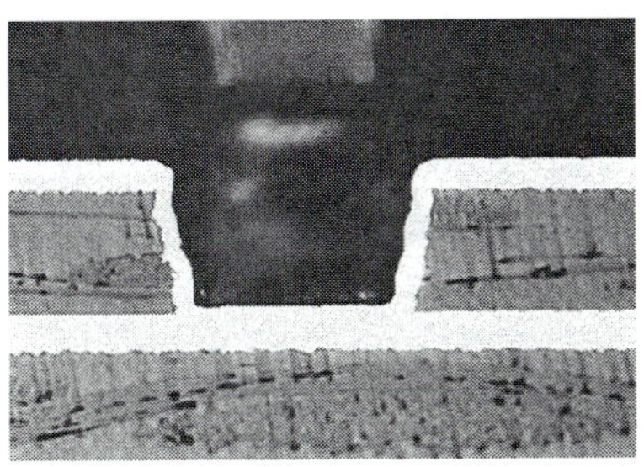

그림 3.58 LD106 2ply의 CO_2 Laser 드릴 후 Via 형상

표 3.15 2ply된 106과 LD106의 CO_2 Laser 드릴 조건

	pulse(shot)	pulse energy(mj/shot)	총 energy(mj)
106 2ply LD106 2ply	8	20	160

③ LD 106의 2ply pre preg 구조는 균일한 절연 두께, impedance Control 이 가능하다.

④ RCC보다 LD106이 glass fiber가 있으므로 신뢰성 면에 우수하다. 왜냐하면, glass fiber 층이 도금의 3접점 구조를 형성하기 때문이다.

3.7.3 HDI용 glass가 보강된 Laser 드릴용 pre-preg

1) 개발 배경

① 현재 RCCF(Resin Coated Copper foil)이 HDI(high Density intercon- nection)에 적용되어 오다가 X, Y 방향의 치수 안정성 문제의 발생 및 Impedance Control을 위한 두께 Control 문제, 편편도 및 기계적 강도가 떨어지는 문제 등으로 인해 고밀도 고다층 PCB에 부적합함을 알게 되었다.

② 기존 FR-4는 CO_2 Laser 드릴시 품질 불량이 많이 발생되었다. 이에, 양호한 Laser 드릴용 glass-reinforced 재료(Laser preg)를 개발하게 되었다. 이것은 Low/No twist yarn의 glass fabric Woven의 구조로 되어 있어 치수 안정성이 우수하고 두께가 균일하고, Impedance Control이 가능하며, 열적 안정성이 우수하다.

2) HDI 적용 측면

① RCCF : 현재 Build up 기술을 사용한 HDI에 적용 중이나 두께를 $80\,\mu m$ 이하로 제조하기가 어렵다. 이것은 곧 Impedance Control이 어렵다는 것이고, No glass 구조로 낮은 기계적 강도와 낮은 열적 신뢰성, 부서지기 쉬운 구조적 특성, 치수 안정성이 열악한 것 등의 문제점을 안고 있다.

② Laser preg : HDI 및 Build-up PCB에 적합하고 편편한 yarn 구조와 No/Low twist yarn을 사용하여 micro Via 홀 품질의 균일성, 도금 품질이 우수 등의 장점들을 갖고 있다.

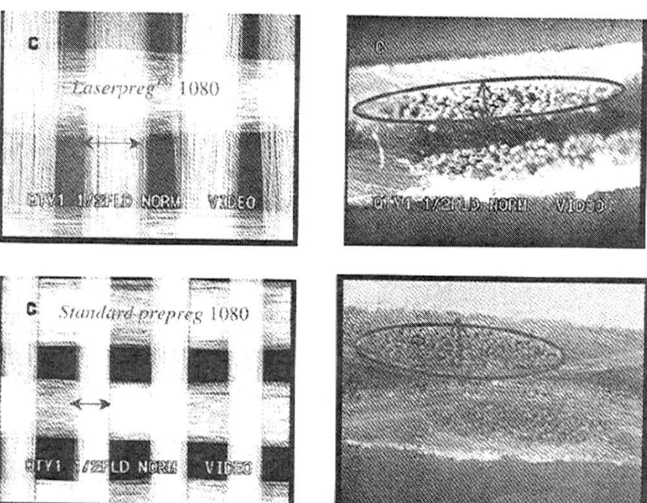

그림 3.59 Low twist Glass fabrics/일반 Glass fabrics의 Yarn 편편도 비교 사진

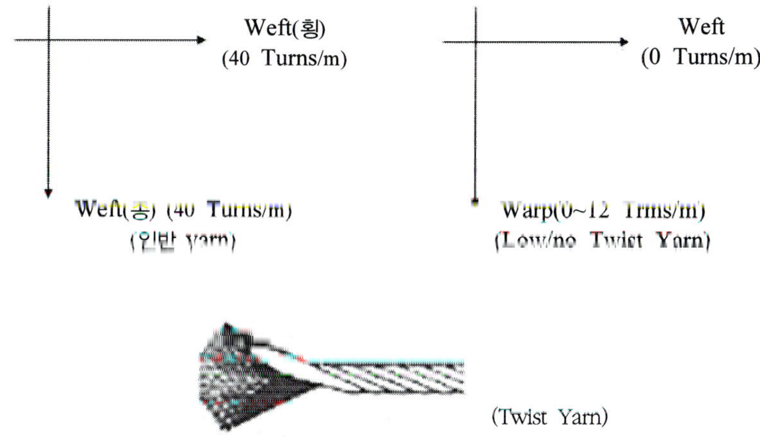

또한, Tg가 140-180℃로 다양한 종류가 있다.

3) 특성

① 치수 안정성

Laser preg와 일반 pre preg를 비교해 보면, 일반 pre preg의 yarn은 Twist 된 yarn을 사용하여 가열 · 냉각 시 용수철처럼 작용하여 팽창 · 수축이 발생되어 보드에 Twist를 야기한다. 반면, Laser preg는 no/low Twist yarn으로 X, Y축 치수 안정성이 우수하고 힘/비틀림이 훨씬 적게 발생한다.

표 3.16 Laser preg와 일반 pre preg 치수 변화율 비교

LDP/일반	Warp(ppm)	Weft(ppm)
2 × 2113 LDP	− 351 ± 22	− 200 ± 80
2 × 2113 std	− 460 ± 42	− 476 ± 165
2 × 2116 LDP	− 86 ± 22	− 226 ± 96
2 × 2116 std	− 437 ± 28	− 268 ± 133
2 × 1652 LDP	− 144 ± 25	− 101 ± 72
2 × 1652 std	− 302 ± 34	− 136 ± 88

또한 Laser preg와 RCCF를 비교해, 보면 RCCF의 치수 변화율이 Laser preg보다 3배 정도 심함을 알 수 있다. 이것은 Build up PCB의 수율, 제조 원가에 악영향을 미치고 있다.

| 표 3.17 | 106LDP D/S VS, RCCF |

치수 안정성	CTE(x,y) PPm/℃	CTE(z) ppm/℃
106 LDP	12~15	45~55
RCCF	30~40	60~65

또한, RCCF는 낮은 기계적 강도를 가지며, 특히 초박판에서 부스러짐성이 심하다. 반면, Laser preg의 glass 보강 층은 Z축의 resin crack을 근본적으로 방지한다.

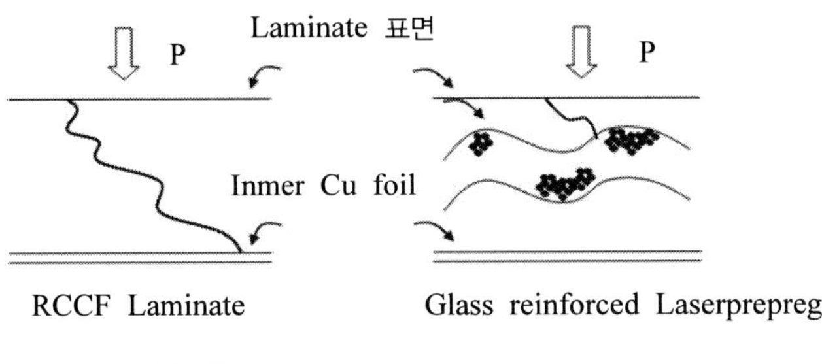

| 그림 3.60 | Glass fabric이 Z 축 Crack의 확장 방지 모형

② 두께 편차 Control

Laser preg의 특수한 yarn의 구조는 일반 pre preg의 두께 편차를 훨씬 앞서고, 표면 거칠기, wetting성 등이 일반 pre preg보다 우수한데, 이것은 No twist yarn과 Stress가 없는 yarn의 구조 덕택으로 분석된다.

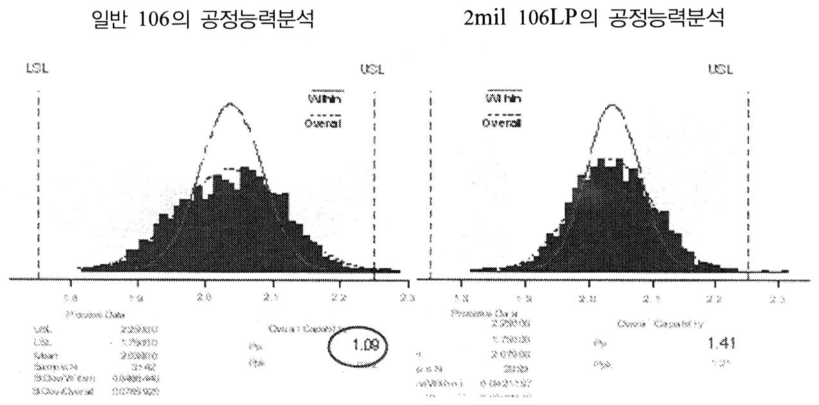

| 그림 3.61 | Laserpreg 106LDP와 std 106G/F의 두께 편차 비교도

③ CO_2 Laser 드릴성

Laser 드릴 가공성 역시 Laser preg가 우수하다.

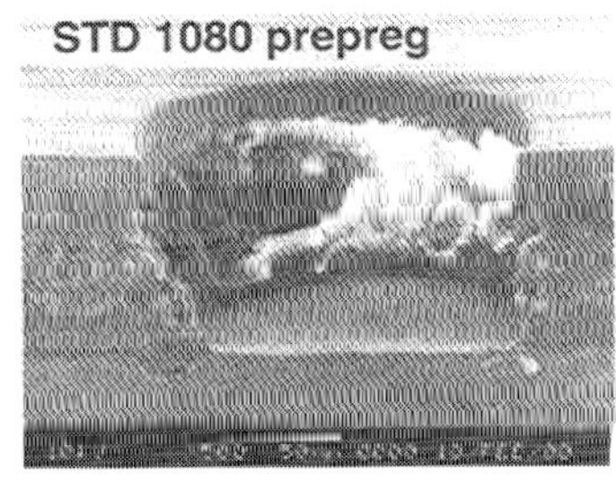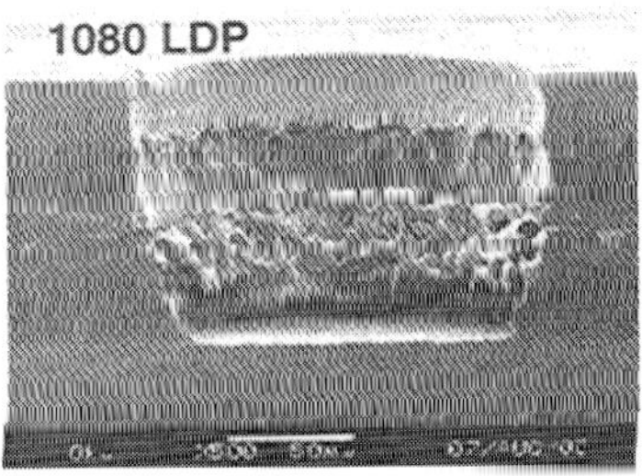

그림 3.62   1080 LDP와 std 1080의 Laser CO_2 드릴 후의 Via 홀 사진

또한, 2ply 된 LDP의 CO_2 Laser 드릴 가공성 면에서 2ply 1065 두께의 $\Phi140\mu m$ 드릴 가공성 역시 양호한 것으로 파악된다.

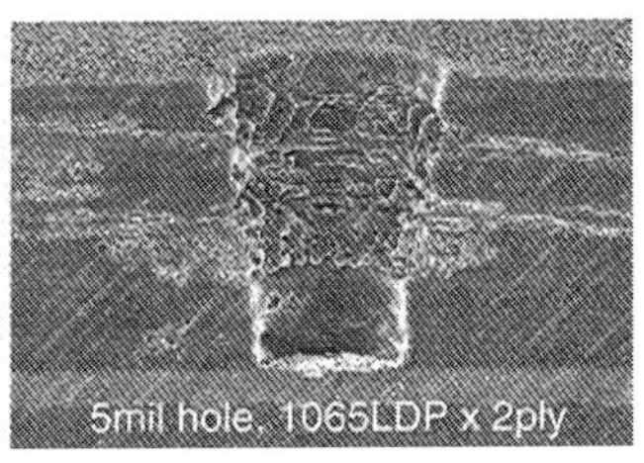

그림 3.63   1065 Laserpreg 2ply CO_2 Laser 드릴 된 Via 사진

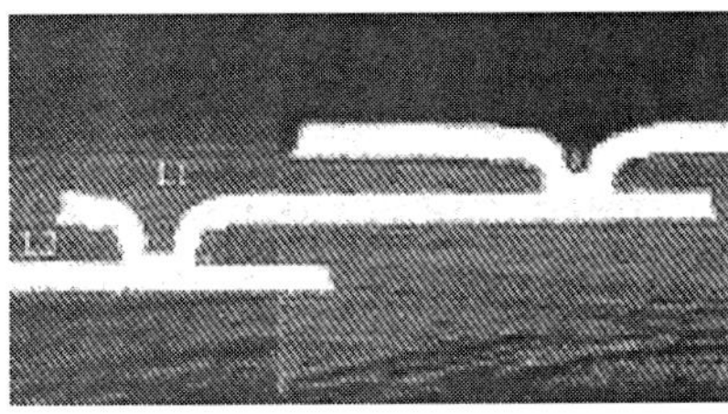

그림 3.64   1065 Laserpreg를 사용한 1 Layer, 3Layer의 Build up PCB 사진

④ 적용

Laser preg를 사용해서 주로 HDI PCB(GPS, PDA, Back plane, WLAN, Server, Cellular phone 등에 들어감)를 제조한다.

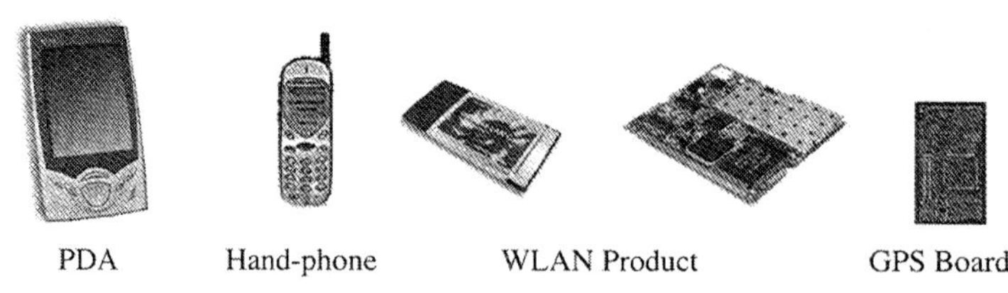

그림 3.65 Laserpreg로 제조된 HDI 제품군

⑤ 장점

이상에서 설명된 것을 정리해 보면 다음과 같다. 기계적 강도가 우수하여 치수 안정성, Z축 Crack 등을 방지하고 생산 효율성이 우수하여 Laser 드릴 Cycle이 단축되고, 두께 편차가 감소되고, 최적의 hole 메꿈성이 가능하며, 자유로운 회로 구성이 가능하여 다양한 두께 달성이 되며, 열적, 전기적, 물리적, 화학적 특성이 우수하고, CO_2외 모든 Laser 드릴성이 우수하며, 일반 FR-4 적층 기술 적용이 가능한 것 등 장점이 상당하다.

3.8 Anti-CAF(Conductive anode filament) CCL

3.8.1 개념

1) CAF의 발생

CAF의 발생 원인의 근본은 PCB의 경박 단소화에 있다. 발생 경로는 Cu가 +극에서 분해되어 resin/glass fiber 층을 통해 −극에 이온 전이되어 전기적 Short를 야기하는 즉, 전기 화학적인 부식 과정이다. CAF의 발생 유형은 아래와 같다.

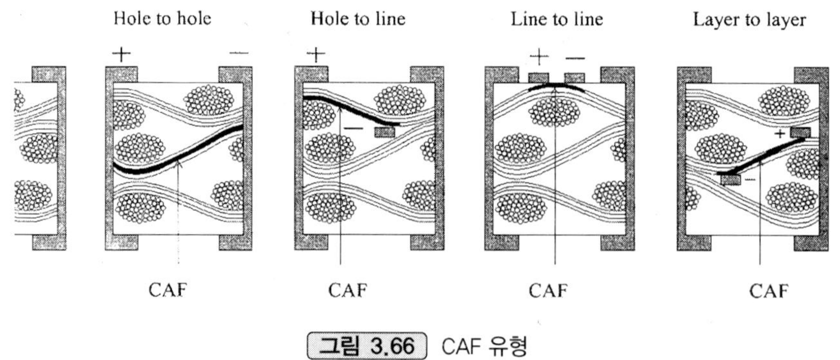

그림 3.66 CAF 유형

2) CAF의 원리

① 발생 과정

CAF는 resin/glass fiber 경계면에서 침식되어 path가 형성되고, 절연 저항의 저하로 2차적으로 전기 화학적인 부식 반응이 일어난다. 또, 이것은 습기에 노출된 경우 발생 빈도가 높고, 전기 화학적 과정에서 전압이 발생되어 anode의 Cu가 용해되어 ion화 된다. 이때, resin/glass 경계면을 따라 이온이 진이되어 Cathode로 이동하여 절연 저항이 저하되고 CAF가 발생된다.

② 원리는 다음과 같다

$Cu \rightarrow Cu^{2+} + 2e^-$ (anode에서 Cu 용해)

$H_2O \rightarrow H^+ + OH^-$

$2H + 2e^- \rightarrow H_2$

이어서, $Cu_2+ + 2OH- \rightarrow Cu(OH)_2$ (anode에서 Cathode로 Cu가 이동한다.)

$Cu(OH)_2 \rightarrow CuO + H_2O$

계속해서 $CuO + H_2O \rightarrow Cu(OH)_2 \rightarrow Cu^{2+} + 2OH^-$

$Cu^{2+} + 2e^- \rightarrow Cu$ (Cathode에 Cu도금이 된다.)

3.8.2 CAF의 영향 인자

주 원인은 습기, 전위차, 열악한 재료의 품질로 발생된다.

1) 작업 조건

고온, 고습한 환경은 재료의 흡습을 야기하고 이것은 절연성을 저하시키며, path를 형성한다. 이때, resin이 Swell 되며 Stress를 받아 resin/glass fiber의 틈을 발생시킨다. 이것은 전위 차가 클수록 쉽게 발생한다.

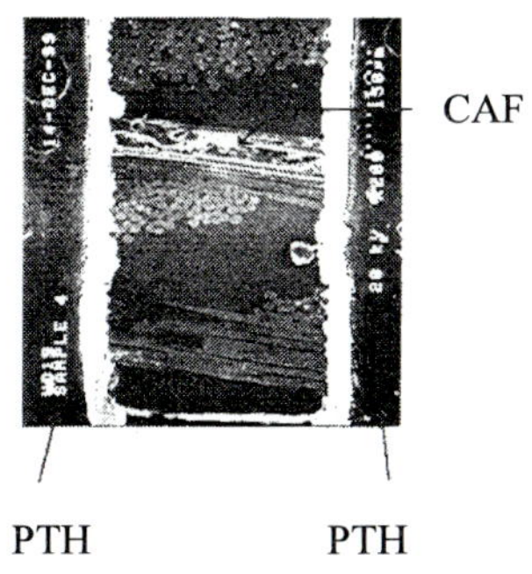

그림 3.67 │ hole-to-hole CAF 불량 X-Section 사진

2) Laminate 품질

① 주요인자는 glass cloth, resin, 함침, Lamination 등이다. glass cloth는 silane 성분의 흡습에 의한 가수분해가 glass와 resin의 들뜸을 유도한다. 이것은 glass fiber와 resin의 Bonding력이 중요함을 알 수 있고, 또한 resin 속의 ion 불순물이 근본적으로 없어야 부식 현상을 방지할 수 있다는 것이다. 따라서 high Tg 저흡습 resin에 의해 anti CAF이 가능하다는 것을 암시하며 BT, Cyanate ester, FR-5 등이 여기에 속한다. 함침 공정에서 wetting성의 상승은 곧 Bonding력을 증가시킬 것이고, 함침 공정에서의 이물질이 Conductive 매개물로 작용하여 절연 저하을 저하시킨다. 적층 공정에서는 Void가 습기 축적의 원인으로 작용한다. 적층 공정 시 조건, 즉 온도, 압력이 적절해야 하며, 적층 delamination은 CAF Path 역할을 한다. 드릴 공정의 거친 홀은 crack 및 de-lamionation, Void 등을 야기하여 습기 등의 통로 역할을 하여 CAF 형성이 가능하게 된다.

3) CAF Test

① Test 조건

환경적으로 습도를 85~95%RH, 온도를 60~90℃로 맞추고, 전압은 10V~100V DC(필요 시에는 10V~500VDC), 시간은 240~1,000 시간 처리하는 것으로 한다. Test pattern은 2Layer~10Layer로 하고 hole과 hole 사이 거리는 0.35~1.2mm, hole과 Line 사이 거리는 0.4~0.85mm, Line과 Line 사이 거리는 0.100~0.8mm로 시편을 만든다.

② Test 방법

매시간 자동으로 저항을 측정하는 on LLine Test 방식과 일정 간격으로 Chamber에서 꺼내서 측정하는 off Line Test 방식을 사용한다.

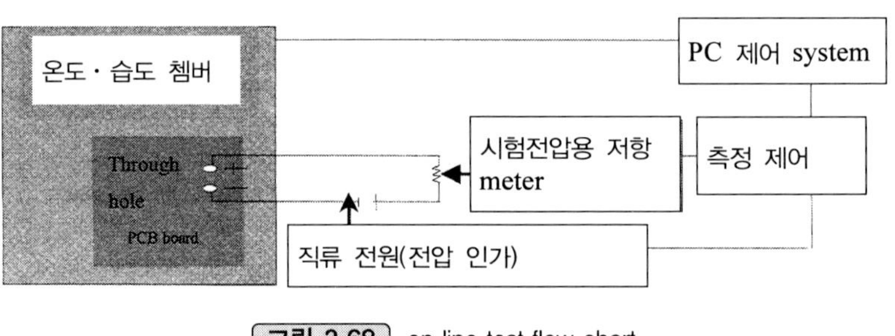

그림 3.68 on line test flow chart

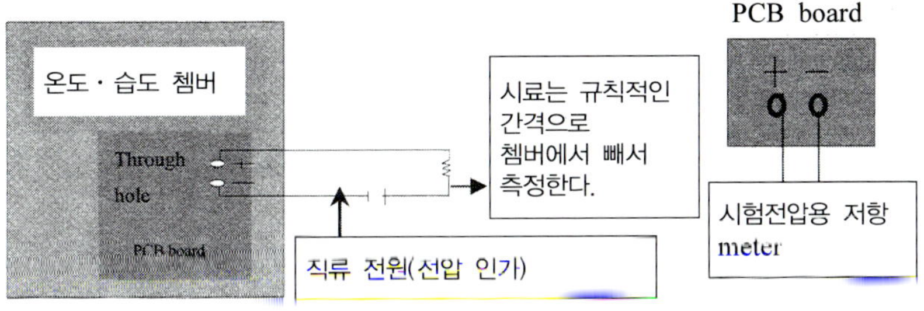

그림 3.69 off Line test flow chart

㉠ 판정 기준

절연 저항으로 on Line test에서는 106 ohm 이상, off Line test에서는 108 ohm 이상을 기준으로 한다.

그림 3.70 on Line test machine

그림 3.71 off Line test machine

④ 평가 방법

 여러 가지 Test pattern 및 조건

		Test1	Test2
회로	층	양면	8 층
	기판 두께	1.6mm	1.6mm
	홀 직경	0.7mm	0.35mm
	홀벽 간 거리	0.4mm, 0.5mm 0.6mm	0.35mm, 0.45mm
시험 조건	온도	85℃	85℃
	습도	85%RH	85%RH
	적용 전압	50VDC	50VDC
	측정 전압	500VDC	100VDC
	측정 주파수	시료는 쳄버에서 꺼내어 250 시간 IR(V) 측정 (off Line test)	시료를 24 시간 쳄버 내에서 IR(V) 측정 (on Line test)
총 시간			240 시간
판정 기준			106Ω 이하시 NG

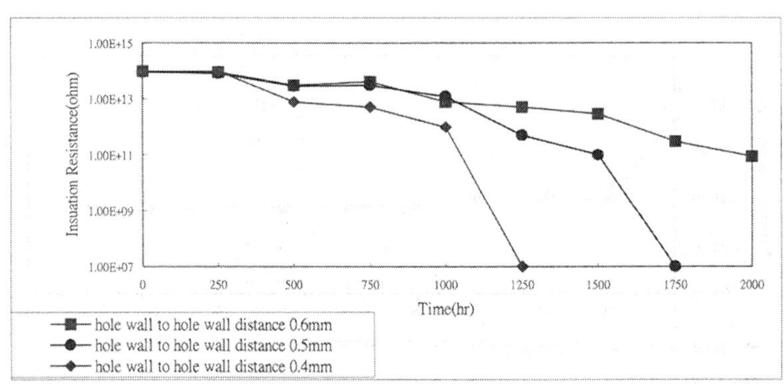

그림 3.72 일반 FR-4 절연 저항(CAF) Test 결과

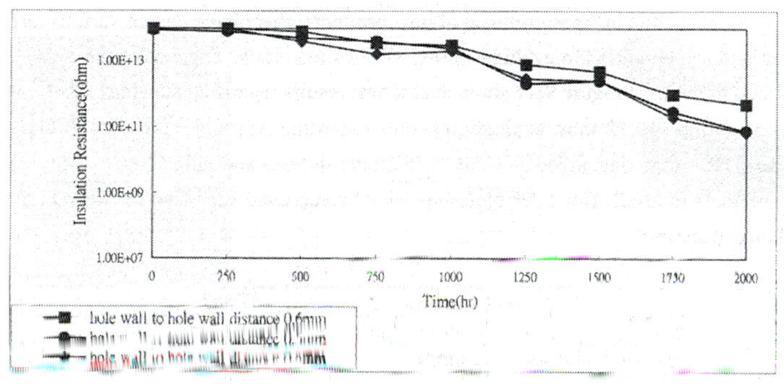

그림 3.73 anti CAF FR-4 절연 저항(CAF) Test 결과

위 그림 3.72, 3.73에서 보인 바 수 있듯이 절연 저항치의 처리 시간대별 감소 정도는 일반 FR-4와 anti CAF FR-4 사이에서 큰 차이를 볼 수 있다.

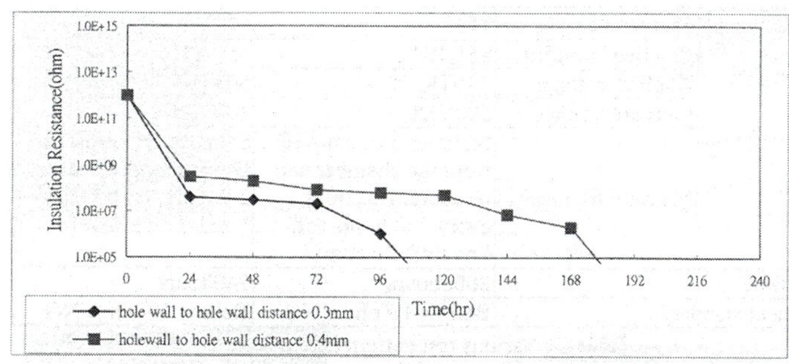

그림 3.74 일반 FR-4 절연 저항(CAF) Test 결과

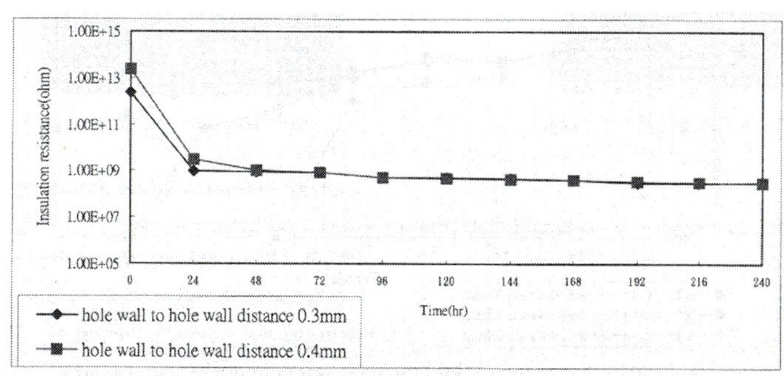

그림 3.75 anti CAF FR-4 절연 저항(CAF) Test 결과

위 그림 3.74, 3.75에서도 역시 일반 FR-4와 Anti CAF FR-4 사이의 절연 저항의 큰 차이를 볼 수 있다.

3.9.1 배경

high Tg, Low Dk, Low Df 소재는 최종 PCB의 전기적 신뢰적 특성을 갖는다. 적합한 재료로는 PPO/epoxy(Dk=3.9, 1MHz시, Df=0.012, 10GHz, Tg가 240℃(DMA))가 있다.

3.9.2 개념

1) PCB 기능 요구

증가된 Signal transmission Speed, Singnal 완전성의 요구에 적합한 재료가 개발되고 있다. 신호 전송 속도는 maxwell's eq에서 다음과 같이 계산된다.

$$Vp = \frac{KC}{\sqrt{\varepsilon_r}}$$ (Vp:신호 전송 속도, ε_r:유전율(Dk), C:광속)

위 식에서 알 수 있듯이 신호 전송 속도는 그 재료의 유전율에 관련이 크다. 또한, Signal transmission Loss $= K \dfrac{C}{f} \sqrt{D_K D_f}$ 로 표현되는데, 여기서 f는 주파수, C는 광속, Dk는 유전율 Df는 손실 상수이다. 신뢰성에 관련하여 high Tg 재료는 적은 Z축 팽창으로 도금 후 홀의 Corner Crack 등에 유리한 면을 보인다.

2) 재료

① ppo/epoxy

구조는 아래와 같다.

② Cyanate ester/epoxy

구조는 다음과 같다.

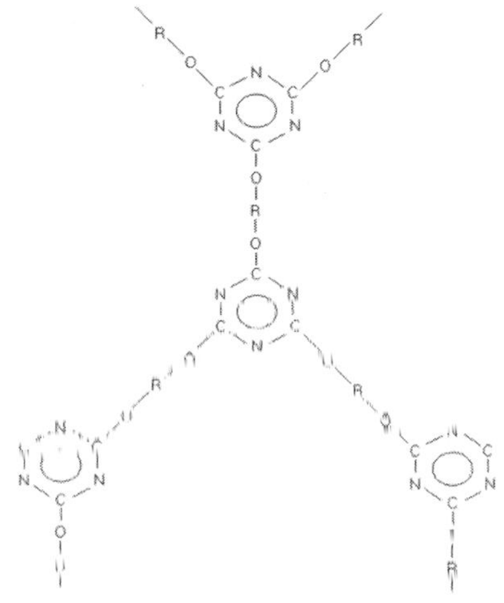

3) 성능 비교

① 적층

ppo/epoxy 및 cyanate ester/epoxy는 high Temp 170~180℃에서 60~90분 정도 적용하여 적층해야 한다.

② Desmear

일반적으로 FR-4보다 Desmear etch rate가 낮기 때문에 Desmear의 종류, 농도, 처리시간, 온도 조건 등의 변경이 필요하고 필요 시 plasma etching이 필요할 수도 있다. 또한 ppo/epoxy는 Sweller 온도가 높을수록 양호한 etching 효과를 볼 수 있다.

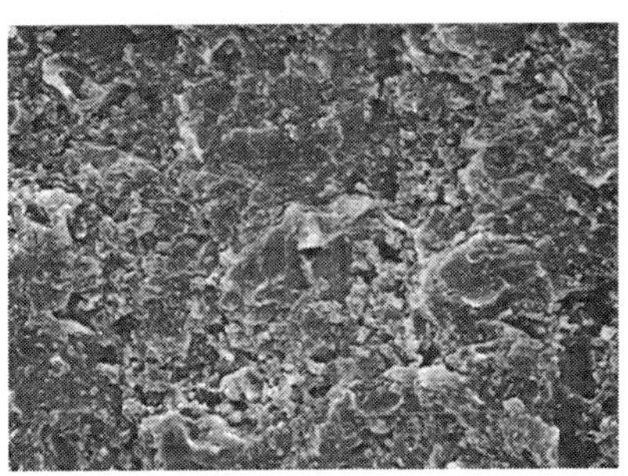

그림 3.76 ppo/epoxy의 Desmear 처리 전 SEM 사진

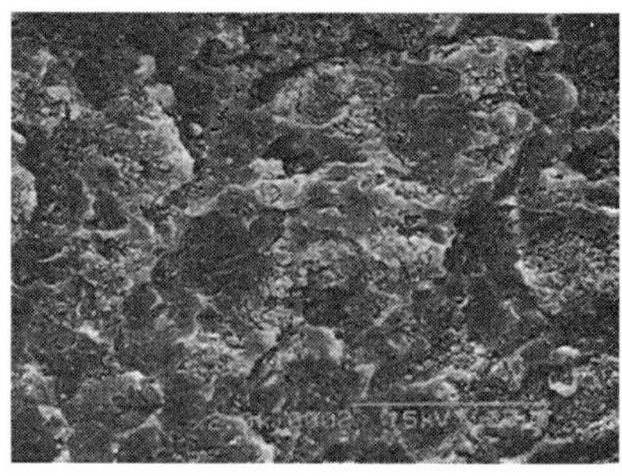

그림 3.77   Sweller 85℃에서 Desmear 처리된 ppo/epoxy SEM 사진

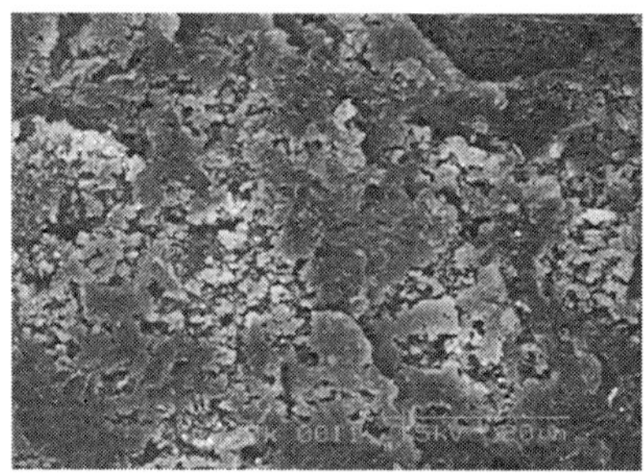

그림 3.78   Sweller 90℃에서 Desmear 처리된 ppo/epoxy SEM 사진

연속적으로 plating 및 thermal stress(288℃ X 10sec, 5 cycle) 후 신뢰성 평가 결과 양호하였다.

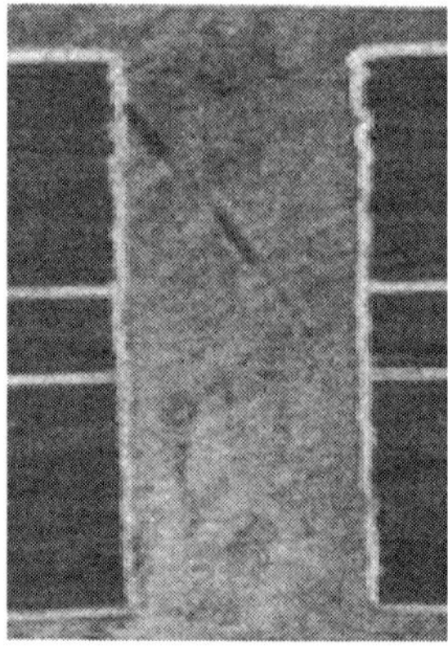

그림 3.79   Sweller 90℃에서 Desmear 처리된 ppo/epoxy의 thermal stress 5회 처리된 홀 상태 X-Section 사진

Cyanate ester/epoxy 경우에는 plasma etching 방법이 chemical Desmear보다 우수한 것으로 나타났다.

그림 3.80 Desmear 처리된 Cyanate ester/epoxy SEM 사진

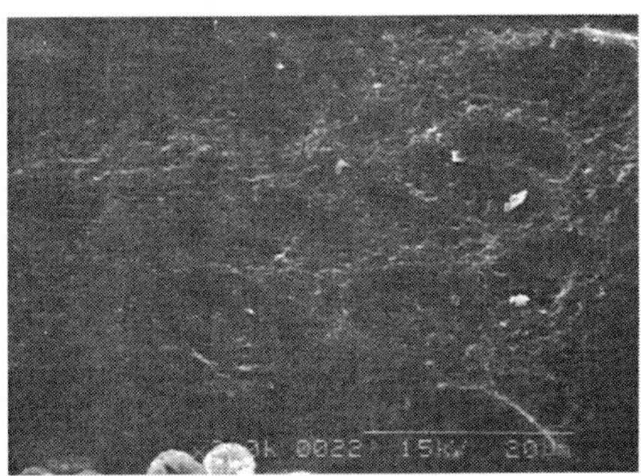

그림 3.81 Chemical Desmear 처리 후 Cyanate ester/epoxy SEM 사진

그림 3.82 Plasma Desmear 처리후 Cyanate ester/epoxy SEM 사진

연속해서 plating 및 thermal stress(288℃X10sec, 5Cycle) 후에 차이가 발생하였다.

즉, plasma Desmear된 홀은 양호하였으나, Chemical Desmear된 홀에서 Delamination이 발생하였다.

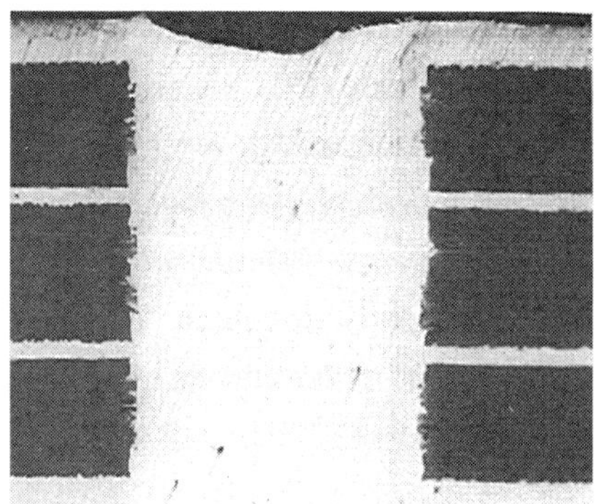

그림 3.83 Plasma Desmear 처리된 Cyanate ester/epoxy 홀의 thermal Stress 5cycle 후의 X-section 사진

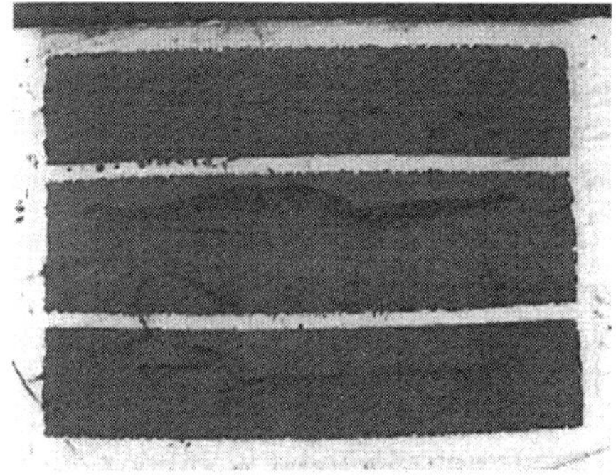

그림 3.84 chemical Desmear 처리된 Cyanate ester/epoxy 홀의 thermal Stress 5cycle 후의 X-section 사진

제4장

PCB 재료 평가

4.1	원자재
4.2	부자재
4.3	약품
4.4	기타

4.1.1 CCL(Copper Clad Laminate)

(1) 외관 검사

① Cu 표면에 Pit, Dent 등이 없어야 한다.

- 기본규정 : Pit, Dent 30 point 이내 / ft^2 허용

② Cu 표면에 스크러치 : Cu Foil 두께의 20% 이내 스크러치까지 허용한다.

③ Cu Foil의 두께 : ±10 wt% 이내까지 허용한다.

④ Color : 초기 Core의 색상이 최종 완제 후에도 동일해야 한다.

표 4.1 Pit, Dent의 허용 기준

최대 크기 (mm)	허용 point
0.127 ~ 0.254	1
0.281 ~ 0.508	2
0.533 ~ 0.762	4
0.787 ~ 1.016	7
1.016 이상	30

표 4.2 Cu Foil 두께와 허용 공차

표준 두께	허용 공차		표준 두께 (mm)	허용 공차 (mm)
	class 1	class 2		
1/8	±10	±5	0.005	
1/4	±10	±5	0.009	
1/2	±10	±5	0.017	0.0025
1	±10	±5	0.035	0.005
2	±10	±5	0.070	0.007

(2) 성능 검사

1) 드릴 가공 검사

가공 조건(rpm, feed, refeed 등)에 따른 홀 가공 상태 확인 : 홀 roughness smear 발생 정도, glass fiber의 뜯김 정도를 확인한다.

2) Punching 가공성

punch 후 홀 상태 확인 : ϕ 별 홀 상태, 외관 검사와 x-section으로 홀 상·하 치수, 깨짐 정도, Cu foil의 lifting, 홀 ϕ 및 Punching면의 상태를 확인한다.

3) Cu foil의 Peel Strength

CCL의 Cu foil을 1 cm 폭으로 Cut 하여 인장력 측정기로 당겼을 때의 인장력을 측정한다

CCL을 솔더 Pot에서 288 ± 10℃ 에서 10 Sec × 3 ( ) 에 동일하게 인장력 측정기로 다시 시 인장력을 측정한다.

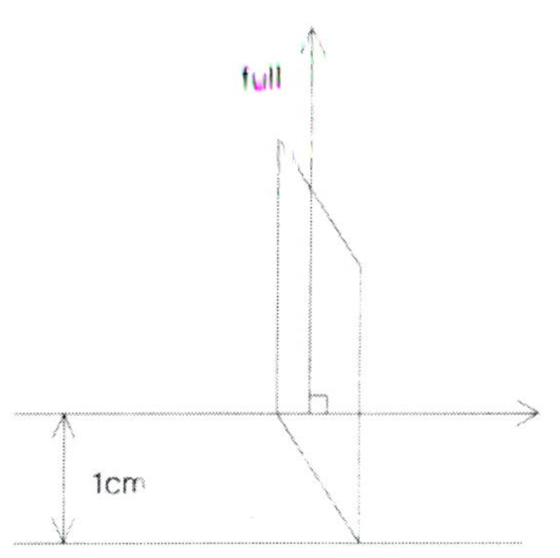

그림 4.1 Peel Strength 측정 예

4) Bow와 Twist

• 계산

가로 × 세로 = 475.2 × 457.2 mm 이상인 CCL을 수평 Plane에 올려놓고 측정한다.

$$C = \frac{36D}{L^2} \times 100\%$$

C : Bow and Twist 값

D : 수평에서 최대 떨어진 값

L : 수평을 따라 떨어진 길이

(18 inch 이상인 CCL)

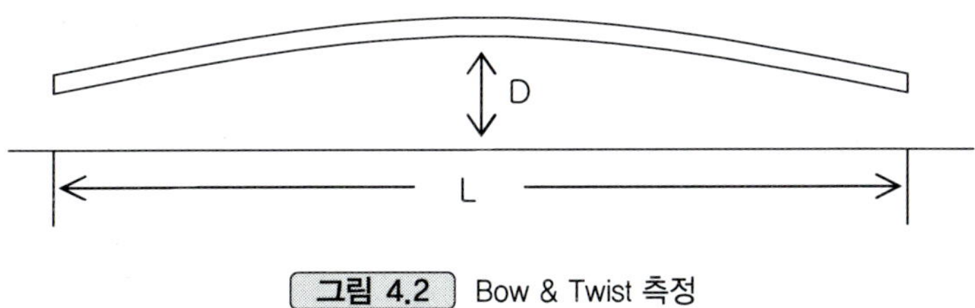

그림 4.2 Bow & Twist 측정

Bow & Twist 수치는 Double side CCL 경우 max 1.5% 이내여야 한다.

5) 내 Soldering 성

• 측정

CCL의 Cu foil을 부식하여 core인 상태로 시편을 가로 × 세로=10 × 10 (cm)로 잘라서
Solder Pot에 288℃ ± 10℃ 에서 10 초 간격으로 3cycle floating 후 외관을 체크한다.

• 검사항목

Blistering, measling, delamination, weave exposure 등이 없어야 한다.

6) 치수 안정성

CCL을 부식을 하여 Core 상태에서 x, y 방향을 Logo 표시로 확인하여 실제품에 적용하
여 각 공정 처리(Wet/Dry) 후에 x, y의 기준 거리를 측정하여 확인한다.

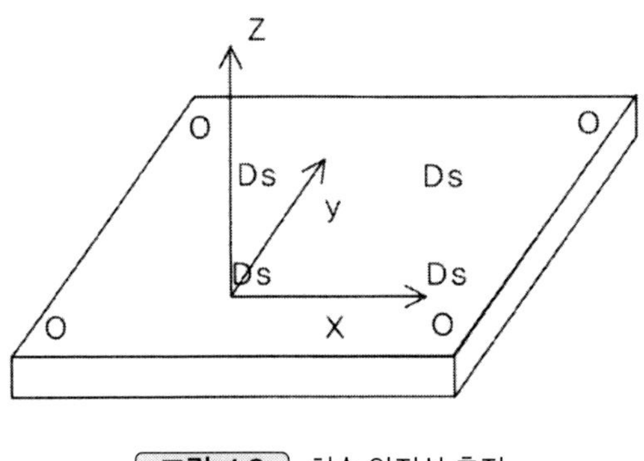

그림 4.3 치수 안정성 측정

7) 흡습율

① CCL의 대기 중 습기의 흡습률을 측정하는 것으로 흡습률이 낮을수록 보관 및 장기
적으로 사용 신뢰성을 보장할 수 있다.

② 측정은 끓는 물에 시편 가로 × 세로 = 10 × 10 (cm)를 Core 상태에서 처리 전 무게
(A), 처리 후 무게(B)의 무게를 달아서 $\dfrac{A-B}{A} \times 100(\%)$로 흡습률을 측정한다.

표 4.3 기준 흡습률

재　질	흡 습 율 (%)
FR-4	0.11
FR-5	0.04~0.20
Polyimide	0.35
BT	0.40
Cyanate	0.39

4.1.2 Ink

(1) 성능 평가

1) 밀착성

Cu 표면 위에 인쇄하여 경화까지 처리 후 평가한다.

- Cross Cut Test

  가로, 세로 1 mm 간격으로 Sharp 한 Knife로 촘촘히 Cut 후에 스카치 테이프로 밀착 후 90°로 당겨 떼어낸다

  테이프에 묻어 나온 Ink 상태를 보고 밀착력 확인 밀착력이 나쁠수록 Ink가 1 mm Cut 간격으로 깨져서 지저분히 세 낱낱이 붙어 있다.

- 열 충격 Test

  Solder pot에서 288℃, 10 sec 간격으로 3 cycle 후 Blister, 부풀음 Lifting 등을 확인한다.

- 세선 밀착성 Test

  Fine pattern의 Film을 놓고 미세 Pattern의 폭별 노광, 현상 후에 남아 있는 최소 세선 폭을 확인 평가한다.

2) 인쇄성

동일 인쇄 조건(Mesh, Squeegee, 압력, 속도 등)에서 인쇄시 Screen 망사에서 PCB로의 Ink 빠짐성 및 인쇄 후 Ink의 균일 도포성 및 인쇄면의 기포, 흐름 유·무, 홈의 메꿈성 등을 종합 평가한다.

3) 해상성

Fine Pattern Film을 인쇄 후 PCB에 놓고 적정 노광량을 주어 현상 후 최소 패턴의 해상력을 측정 동시에 미세 패턴의 해상도와 밀착성이 충족되어야 좋은 Ink라고 할 수 있다.

4) 내열성

Ink는 패턴을 보호함과 동시에 납땜이외의 모든 부분을 절연성을 유지하면서 PCB 외관을 결정하는 중요한 재료로 Soldering 288℃ × 10 초, 3 cycle을 시행 후에도 Ink 자체의 변색, 백화, 들뜸 등이 없이 광택이 그대로 보존되어야 한다.

5) 내화학성

Ink는 많은 화학 약품들과 접촉하면서 최종 제품을 유지해 주는 역할을 해야 하므로 산

또는 알칼리 용제에도 충분한 내성을 가지고 있어야 한다.

보통 산은 염산, 알칼리는 가성소다 용제는 트리클로로 알코올 등에서 장시간 견뎌야
만 한다.

6) 표면 절연 저항성

Ink는 PCB 표면에서 절연 역할을 충분히 해주어야 한다.

표면 절연 저항치를 측정하여 최소한 1012 Ω 이상의 절연 저항치를 가져야 한다.

7) 경도

Ink는 PCB의 표면에서 회로를 보호해 주는 역할을 하기 위해서는 경화 후 높은 경도를
가져야 한다. 보통 연필 정도로 경도 측정을 하는데 4H 이상의 경도를 요구한다.

측정은 4H, 3H, 2H, H 등의 연필로 미리 날을 세워서 45°각도로 Ink 표면을 일정한 힘
과 압력으로 긁는다. 이때 연필 날 자국이 발생하지 않는 수치까지가 최대 경도로 표시
된다.

(2) 작업성 평가

1) 건조성

Ink는 가능한 낮은 온도에서 짧은 시간에 건조가 된다면 생산성 효율을 가져올 것이다.
이점을 체크한다.

2) 노광량

적은 노광량에서 필요한 감광, 중합이 이루어진다면 생산성 및 노광기의 램프에도 무
리가 안 갈 것이고 원활한 생산이 이루어질 것이다.

3) Shelf time

Ink는 반드시 경화제가 포함되어 작업된다. 한 번 Mixing 되어 작업되면 Ink는 소진해
야 하는데 생산은 그렇지 않다.

즉, 남는 경우가 발생 시 아무래도 오래 보관 후에도 경화가 천천히 되어 재사용한다면
Ink의 사용시 훨씬 경제적이고 원가 절감이 될 수 있을 것이다.

4) 경화성

Ink를 최종 경화 시 온도, 시간의 조건 역시 낮은 온도, 짧은 시간 경화가 이루어진다면
역시 생산성 향상에 도움이 될 것이다.

5) 현상성

PSR Ink의 경우 노광 후 현상을 하게되는데 현상 조건(온도, 약품 농도, 현상시간, 현상 압력)이 좋아야겠고, 현상 상태(Ink side wall의 거침, Scum, 홀 속 Ink 잔존, Ink의 수세 불량 등의 미발생)가 좋아야겠다.

6) Stick 성

PSR Ink 경우 빠른 건조로 건조 후 노광 시 들러붙음이 없는 완전 건조 상태를 유지하느냐는 품질에 많은 영향을 주므로 Stick성 체크

(3) 기타

1) 외관 광택

Ink는 최종 제품의 외관을 결정하는 깃으로 미려하고 광택이 나야만 깨끗하게 PCB를 나타내므로 광택 정도 역시 중요하다.

2) 점도

Ink는 항상 같은 점도를 유지해야 한다. 즉, 포장된 점도와 일치하는지 체크해 볼 필요성이 있다.

3) 냄새

Ink는 Solvent 등 유기화학 재료로서 냄새는 어느 정도 난다. 하지만, 환경에 침해가 될 정도의 유독 gas 등이 발생한다면 문제가 될 수 있다.

4) 기포 발생 정도

Ink mixing 후 기포의 발생은 Ink의 인쇄율에 그대로 전이되어 인쇄물에 공동을 발생시킬 수 있으므로 가능한 기포가 적게 발생되는 것이 좋을 것이다.

5) Contamination

Ink에는 여러 종류의 유기화학 재료로 구성되어 있는데 PCB의 완제품에 열, 화학약품 등에 의해 규제하는 화학 성분 특히 NaCl의 높은 수치는 규제 대상으로 반드시 Contamination 측정을 해보아야 한다.

4.1.3 Copper Foil

(1) 신율 측정

Cu foil은 PCB의 휨 및 처리 과정 중의 열적 충격 및 기계적 눌림 등에 대해서 어느 정도 신축성을 갖고 있어야 한다.

최소 신율은 3% 까지 이상이 없어야 한다.

(2) 신장력 측정

신율과 마찬가지로 3% 까지 늘렸을 때 이상이 없어야 함과 동시에 30,000 lb로 인장시 끊김이 없어야 한다.

즉, 인장력 측정기로 30,000 lb로 전체 최소 길이의 3% 까지는 끊기거나 부서짐이 없어야 한다.

(3) Peel Strength

Cu foil과 Pre-preg를 Press 압착 후에 인장력 측정기로 Peel Strength를 측정함으로써 tooth 면의 밀착력 정도를 알 수 있다.

(4) 외관

① Pin hole : 외관 검사 시 pin hole이 없어야 한다.
② 녹슬음을 확인한다.
③ 오염 상태를 확인한다.

4.1.4 Pre-preg

(1) 외관 검사

① Pre-preg 샘플을 채취하여 검사한다.
- Glass fiber의 깨짐
- Glass fiber의 함몰
- Epoxy의 변색
- 이물질 등이 없어야 한다.

② Pre-preg를 농황산이나 오븐기에서 가열하여(500~600℃, 30분~1시간) Glass fiber만 추출하여 종방향/횡방향의 fiber의 섬유수/inch를 샘플링하여 원래 Spec에 맞는지 확인한다.

(2) 시험 검사(수입검사)

시험 성적 서에 나와 있는 기본 항목에 대한 수치를 샘플링 확인한다.

1) Resin content

- 시편

  100×100 m/m (유리섬유 방향에 45° 각도로 3매 Cut)

- 측정

  ① 우선 위 3매는 전자저울로 0.001g 까지 정밀 측정(A)

  ② 농황산에 침적이나 오븐기에(가열로) 500~600℃ , 30분~1시간 가열 후 Glass fiber 의 무게 측정(B)게 3매를 각각 다음 식에 의해 계산 후 평균 값으로 결정한다.

  $$Resin\ content(\%) = \frac{A-B}{A} \times 100(\%)$$

2) Resin flow

- 시편

  100×100 m/m (4매)

- 측정

  ① 우선 4매를 0.01g까지 정밀 측정(A)

  ② 경면판 사이에 위 4매를 겹쳐 끼워서 상·하에 Release film를 놓고 미리 Press 열판 중심부의 온도를 171±3℃ 로 맞추어 압력을 14±2 kg/cm2의 압력으로 약 3분간 가압 가열한 후 시편을 추출한다.

  ③ 추출된 시편의 네 모서리의 흘러나온 수지를 제거한다.

  ④ 4매의 무게를 측정한다(B).

  다음의 계산식에 의해 4매의 평균값으로 결정된다.

  $$Resin\ flow(\%) = \frac{A-B}{A} \times 100(\%)$$

3) Volatile content

- 시편

  100×100 m/m (2매)

- 측정

  ① 우선 위 시편의 무게를 0.001 g 까지 정밀 측정한다(A).

  ② 위 시편을 오븐기를 이용하여 160℃ × 15분 동안 건조시킨 후 자연 방치하여 완전히 식힌 후에 무게를 측정한다(B).

  ③ 다음 계산식에 의해 2매의 평균값으로 결정한다.

  $$Volatile\ content(\%) = \frac{A-B}{A} \times 100(\%)$$

4) Gel time

- 시편

  200×200 m/m (3매)

- 측정

  ① 위 3매의 각각에서 Pre-preg를 적당히 비벼대면 Glass fiber가 없는 Epoxy 수지 가루만 떨어져 나온다.

  ② 위 수지를 미리 준비된 Gel 시험기의 열판(171±1℃) 위에 각각 0.15 g 정도를 열판 중앙 부분에 올려놓고 Stainless봉 또는 유리막대로 휘저어 줌과 동시에 Stop watch로 시간을 Counter 하기 시작하고 이 수지는 Gel에서 Sol로 상태가 변화하고 계속적으로 휘저어 주다보면 어느 시점에서 다시 Gel화되면서 유동성을 잃으면서 Stainless봉에서 끊어진다.

  이때까지의 시간을 위 3매에서 추출한 수지를 이용해 측정하고 3매의 평균 시간을 이 수지의 Gel time으로 결정한다.

5) Tg(Glass Transition Temperature)

  위 Pre-preg를 이용해 Press하여 적층된 기판을 샘플링하여 재료시험 평가원에 의뢰하여 Tg 측정하여 시험 성적서 상의 Tg와 일치하는지 확인한다.

(3) 성능 검사

1) Peel Strength

  Pre-preg를 3~4매 Lay-up 후에 Cu foil를 상·하 중첩시켜 Press(이때, 정상조건) 후에 인장력 측정기로 측정한다.

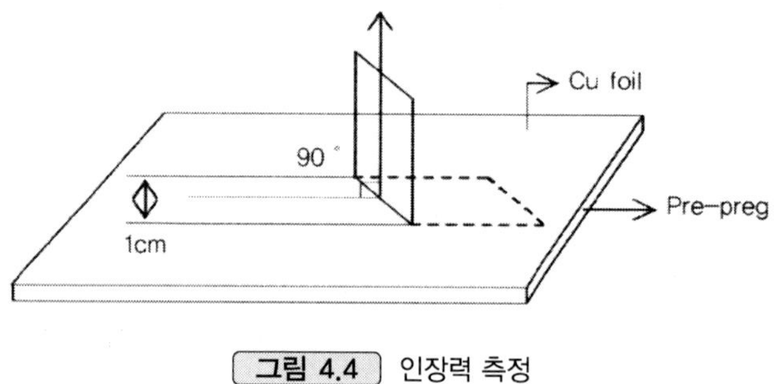

그림 4.4 인장력 측정

2) 밀착력 측정

  Pre-preg를 위 방법으로 Press 후 Cu foil을 Etching하여 Pre-preg가 적층된 Core 만을

돌출하여 열충격 시험 실시 Solder pot에서 288℃±10℃, 10 초, 3 cycle을 실시하여 Blister, 변색, Measling 등의 발생이 없어야 한다.

3) 수축 팽창성

내층을 미리 준비하여 기준 홀 또는 점간의 거리를 2차원 측정기로 가로, 세로 정확히 측정해 놓고, Pre-perg를 상·하 2매씩 놓고 적정 Press 조건으로 가압·가열 후에 Cu foil 를 제거 후 X-ray 측정기를 이용해 미리 측정된 내층기의 거리를 다시 측정하여 수축·팽창의 차이 정도를 정밀 측정하여 판정한다.

4.2 부자재

4.2.1 D/F

(1) 성능 평가

1) 밀착성

D/F은 회로를 형성하는 재료로서 밀착력이 아주 중요하다.

밀착성을 평가하는 방법 중 가장 대표적인 것이 세선 밀착력으로서 미리 Fine pattern film을 준비하여 이 D/F의 최적정 조건(Lamination, 노광, 현상)으로 현상 완료 후 최미세 패턴에 남아있는 최소 회로폭을 밀착력의 지표로 삼으면 된다.

예를 들어 50/50μm 회로에서 들뜸, 거침 등이 없이 양호한 경우에 이 D/F을 50μm 세선까지 밀착성이 양호하다고 판단하면 된다.

(그 이하 40/40μm 회로에서는 들뜸이 발견될 시)

2) 해상성

역시 밀착성과 함께 중요한 것으로 얼마만큼 미세 회로까지 형성이 되느냐를 평가하는 지표이다. 마찬가지로 미리 Fine pattern film을 준비하여 최적정 조건(특히, 노광/현상 조건)으로 처리 후 완벽하게 재현된 Line/Space의 한계를 측정하면 된다.

즉, 50/50μm 까지 회로 상태가 이상이 없고 40/40μm에서부터 미현상, 노광불량 등이 발견 시 이 D/F의 해상력은 50/50μm으로 판단하면 무리가 없다.

3) 추종성

D/F의 추종성이라는 것은 쉽게 PCB 표면의 결함(Dent, Pit, Scratch 등)을 덮어서 더 이상의 불량을 줄여줄 수 있는 성능으로 평가 방법은 인위적으로 PCB 보드에 V-Cut 등으로 높이를 상이하게 하여(V 홈 깊이 상이) 표면에 스크래치를 형성시킨다.

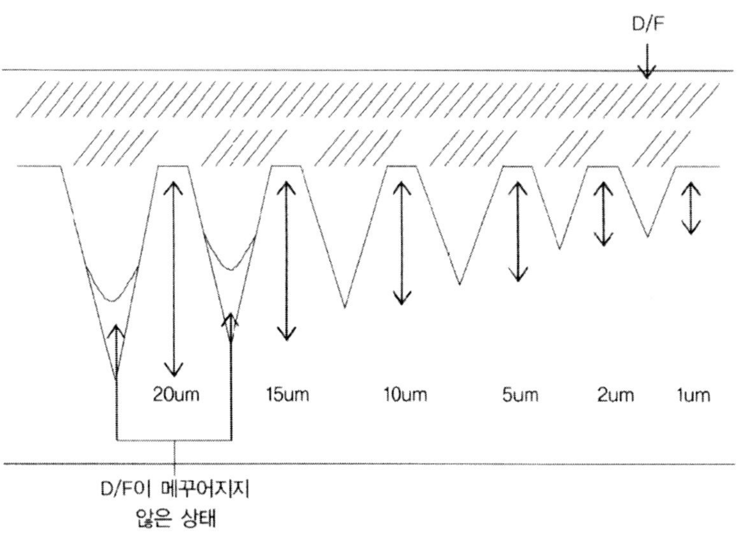

그림 4.5   추종성 평가

이후 D/F을 적정 조건(특히, Lamination 조건)으로 처리 후 X-Section 하여 확인 평가한다. 위 그림의 경우 이 D/F은 추종성을 10μm 정도로 판단할 수 있겠다.

4) Resist 성

D/F은 회로를 형성하는데 있어서 외층 패턴 공법에서는 회로 이외의 부분이 전기 도금되지 않게 하는 역할을 수행하고, 내층 공법 또는 패널 도금 공법(Tenting 공법)에서는 회로를 보호해서 부식이 안되게 하는 역할을 수행한다.

그렇게 때문에 도금약품이나 부식약품에 내성이 있어야 한다. 우선 패턴 공법에서 적용 전 D/F을 평가 시에 패턴 도금 전처리인 산탈지 약품에 D/F으로 현상된 PCB 시편을 담궈서 시간대별로 D/F의 침해 여부를 확인한다. 이때 24 시간 까지 이상 없을 시 문제가 없는 것으로 판단한다.

다음으로 유산동도금 용액 속에 마찬가지로 이 시편을 담궈서 시간대별로 확인한다. 역시 24 시간 까지는 이상 여부 확인으로 판단할 수 있다. 마찬가지로 내층이나 Tenting 공법 적용 전 현상 완료된 PCB를 내층 부식 약품속에 담궈 시간대별 확인 및 실제품을 가지고 부식 후 회로폭 감소폭 및 회로 상태(부식 여부) 등을 관찰하여 적합성 판단할 수 있다.

위 도금 및 부식 Resist 성은 Sample Test 후 반드시 실제품을 적용하여 샘플링 채취하여 정밀 평가해야 한다.

5) Tenting 성

D/F은 외층 및 Tenting 공법시 홀 주위를 Tent함으로서 약품처리 후에도 Tenting 된 홀이 그대로 존재하여야 한다.

특, 홀 n가 다양해 심에 따비 큰 φ의 홀도 Tenting 시킬 수 있는 성능이 있는 D/F이 좋다고 할 수 있다.

Tenting의 평가는 〈그림 4.6〉에 설명되어 있다.

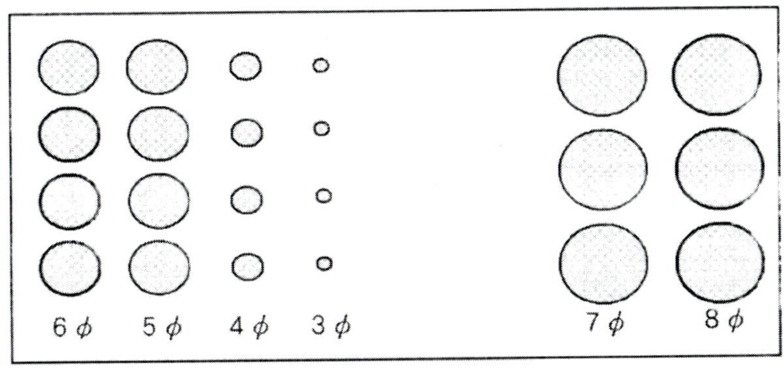

그림 4.6 Tenting 성 Test

〈그림 4.6〉과 같이 평판에 홀 φ 별로 φ 3~φ 6까지 홀을 뚫고 Deburring을 완벽하게 처리한다.

별도로 φ 7~φ 8 홀도 여분으로 뚫어 논 시편을 준비하고 D/F을 적정 조건(Lamination : 노광, 현상)으로 처리 후 이상(Tenting 터짐, 주름 등)이 없는 최대 홀을 이 D/F의 Tenting력의 기준으로 삼는다. 최종적으로 평가하기 위해서는 실제품으로 최종 부식까지 처리 후에 평가해 주는 것이 이상적이다.

6) Line의 Fine 성

D/F의 중요한 부분의 하나로써 Fine pattern화하는 추세에 발 맞추어 Line이 Fine해야 한다.

적정 조건으로 처리 후 회로(D/F Side)의 Fine(깨끗한, Straight 성)을 정밀 확대경 또는 금속 현미경 등으로 관찰, 평가한다.

이때, 회로가 거칠고, 미세 뜯 현상 등을 집중 점검한다.

7) 회로 결함성

이 부분은 실 제품의 품질에 직결되는 부분으로 모든 작업조건이 정해진 상태에서 D/F을 적용하여 최종 제품에서 회로의 Open/Short 등의 Data를 집계하여 D/F 공정의 불량을 재검증하여 서로 비교 평가함으로서 여러 D/F의 성능을 평가하는 방법으로 실질적인 평가라고 할 수 있다.

이렇게 하여 여러 D/F 중 A 모델의 D/F으로 작업된 PCB가 품질이 가장 좋게 나왔다면 A 모델의 D/F이 가장 양호하다고 평가될 수 있다.

8) 회로 측면(Under Cut 성)

D/F은 회로를 형성해 주므로 최적 조건 현상 후 상태가 Under Cut이 적을수록 양호한 D/F이라고 할 수 있다.

따라서 현상 후 X-Section을 하여 적은 Under Cut의 D/F을 추천 평가하는 것이 좋다.

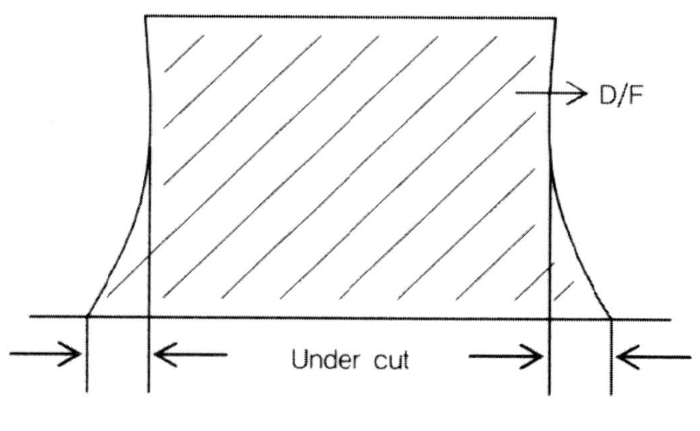

그림 4.7 D/F Under Cut(D/F 현상 후)

9) 깨짐성

D/F은 U.V 광에 의한 중합 반응에 의해 최종적으로 반응이 종료된다. 그런데 반응이 종료되어도 D/F은 어느 정도의 유연성, 탄력을 유지하는 것이 좋다.

깨짐성을 평가하는 방법으로는 Cross Cut 방식이 많이 사용된다.

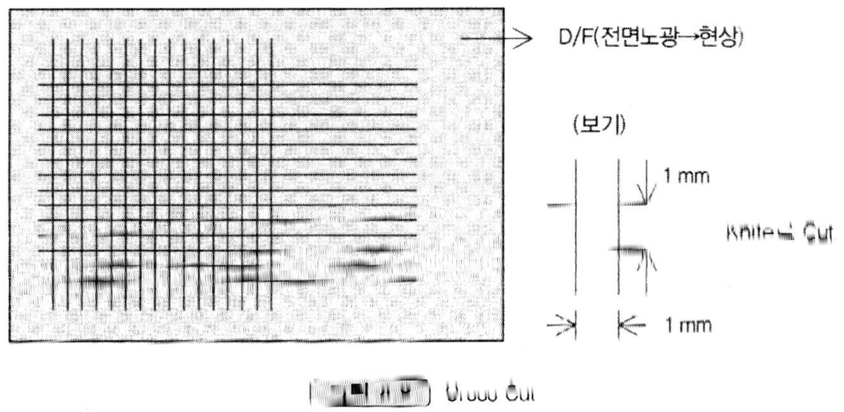

적정 삭업 조건으로 처리 완료된 D/F 보드를 위 〈그림 4.8〉과 같이 1 mm 간격으로 가로, 세로로 Cut 날로 Cut 후에 스카치 테이프를 이용하여 밀착 후 90° 각도로 당겨 뗀다. 이때 테이프에 D/F 잔사가 떨어져 나오는데 Cut 부위 주위로 D/F이 여러 형태로 떨어져 나오는 경우가 있는데 후자의 D/F 경우 깨짐이 많다고 볼 수 있다.

이렇게 깨짐이 많은 D/F은 노광 작업 시 D/F Particle의 발생으로 불량 소지가 크므로 좋은 D/F이라고 볼 수가 없다.

(2) 작업성 평가

1) 감도

D/F은 노광(U.V 光 조사) 작업을 거치는데 가능하면 저 노광으로도 충분히 반응을 일으키고 종료되면 생산성 측면 및 노광기의 램프 수명 연장 등에 좋다. 또한, 저 노광 처리로도 충분히 발색도가 나오는 D/F이 추천된다.

2) 현상성

D/F 현상 속도는 이 D/F의 현상성을 결정하는 중요한 부분이며 또한 생산성에 직결된다.

B.P를 측정하여 현상성을 체크할 수 있고, 또한 현상 상태를 반드시 확인하여야 한다. 즉, 미 현상, Scum, 과 현상, 현상 불량 등을 평가 항목에 넣어서 확인 평가하여야 현상성을 알 수 있다.

3) 전·후 공정과의 호환성

D/F은 민감함 재료로서 이 자체가 품질이 좋더라도 PCB 회사의 전 공정 및 후 공정과 서로 Match가 잘 안되면 문제가 발생할 수 있다.

체크 항목은 D/F 전 표면처리(Brush 정면, Chemical 정면, 혼합방식)에 부합하는지 여부, 전기도금의 전처리/본처리 약품들과의 적합성 여부, 부식 약품과의 적절성 등이 실제품을 제조하면서 검증되어야 하겠다.

4) 박리성

D/F은 현상성과 함께 박리성도 고려하여야 한다.

박리 약품에 빨리 박리가 되는지, 박리가 잘 안되는 지는 쉽게 Sample Test를 통해 알 수 있고, 특히 박리-부식 등이 In line화되어 있을 경우는 Line 속도에 부합이 되는지도 체크해 보아야 한다.

또한 박리편의 크기, 형태 등의 문제 여부 역시 확인하여 평가해야 한다.

5) D/F 보호필름 벗겨짐성

노광 완료된 PCB는 현상 전 D/F 보호필름을 벗겨내는데 D/F 별로 이 보호필름의 벗겨짐의 정도가 상이하다.

가볍게 모서리를 Touch 하여 끈적임 없이 벗겨지는 Type이 양호하다고 평가된다.

잘 벗겨지지 않는 경우에는 품질적으로 생산적으로 문제점과 불편함이 발생한다.

6) 용액 오염성

D/F은 회로 형성 후 전기 동도금/전기 솔더 도금 등의 약품조에서 장시간/연속적으로 처리가 된다.

그런데 만약 D/F이 이러한 도금욕 속에서 용해되어 나온다면 점점 사용함에 따라 도금에 큰 문제를 야기하게 된다.

이 평가 방법은 D/F을 유산동, 솔더 도금 전처리 약품 속에 넣어서 장시간(일주일 이상) 방치 후에 같은 방법으로 도금 처리하여 도금 이상 여부를 확인하는 방법과 이 용액 등을 전문 시험 약품 분석기관에 의뢰하여 오염물 정도를 시험 분석하는 방법이 있다.

이러한 용액 오염성 문제 여부는 시간이 많이 걸리는 문제로 평가 최종 부분으로 봐야 할 것이다.

4.2.2 Bit

(1) 외관 평가

1) 재질 확인

- 재질 구성표 확인

  WC 함량, Co 함량 기준

- 입도 확인

  0.3 0.5㎛ 기준

2) 경도 확인

92~94 HRA 이상 유지 여부

3) 선단각 적절 여부 확인

홀 ϕ 규격대비/용도별 120°, 130°, 140°, 150° 여부 확인

4) Bit Type

- Under Cut 구분
- Straight

(2) 성능 평가

1) 경도(절삭 강도)

실제 PCB와 같게 Stacking 하여 동일 ϕ의 Bit를 Setting하여 동일 조건으로(rpm, feed, refeed 등) Heat 수별(1,000, 2,000, 3,000 hit) Bit의 날 상태, X-Section 확인 평가, Heat 수별 Check 하는 과정 중에 Bit가 부러지는 경우 발생 시 경도 정도 확인이 용이하다.

2) 굴곡성

Bit는 경도와 더불어 어느 정도 휨에 견딜 수 있는 유연성(굴곡성)을 가져야 한다.

굴곡 강도 평가 방법은 〈그림 4.9〉와 같다.

Bit를 수평면 상에 수평으로 고정해 놓고 위에서 압력 P를 변화해 가면서 Bit가 부러지는 힘을 측정함으로서 가능하다.

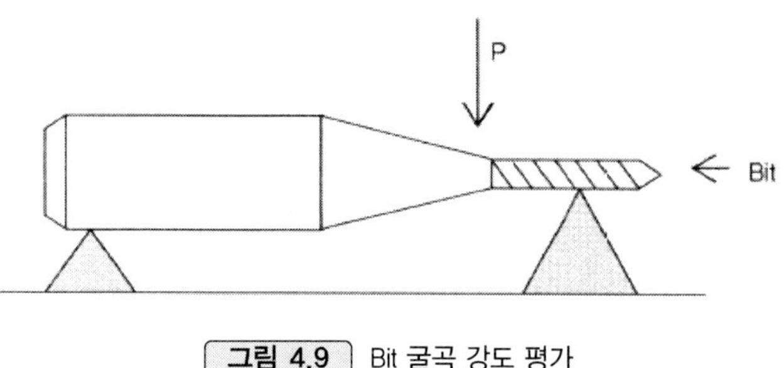

그림 4.9　Bit 굴곡 강도 평가

3) 절삭 부스러기 배출성

　Bit는 PCB를 가공하면서 많은 절삭 부스러기를 발생시킨다.

　이 부스러기를 Bit 자체가 어느 정도 배출할 수 있는 구조로 되어있어야 한다.

　평가는 PCB를 동일 조건(Stack, ϕ, 드릴 조건) 하에 집진기를 Off한 상태에서 홀 가공을 한 후 Entry Board 위에 배출된 절삭 부스러기의 정도로서 확인 가능하다.

4) 위치 정밀도

　Bit는 PCB의 지정된 위치에 정확히 드릴되어야 한다.

　이 평가 방법으로는 여러 평가하려는 Bit를 CNC 드릴 N/C의 동일 축에 하나씩 물려서 동일 조건으로 한 Point를 100회 이상 연속 드릴 가공하도록 하여 여러 Bit를 순차적으로 드릴한 후 다음 〈그림 4.10〉과 같이 평가한다.

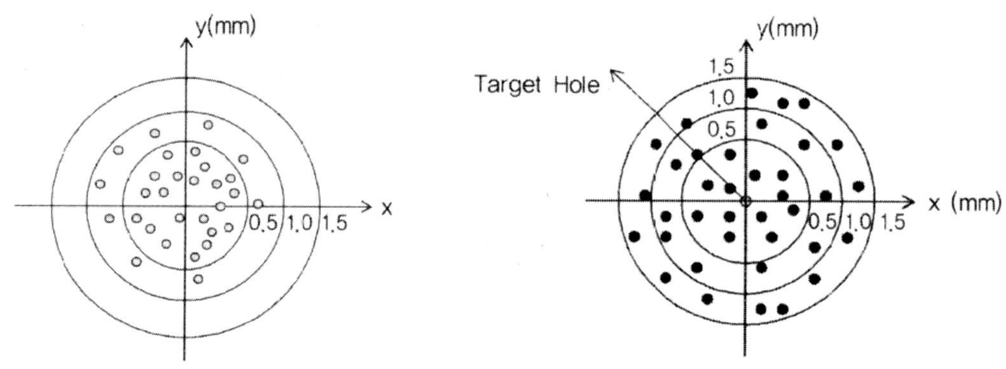

그림 4.10　위치 정밀도 평가

　〈그림 4.10〉과 같이 드릴한 후에 A, B Bit의 실제 드릴 Point를 보면 A Bit는 Target Hole을 기준하여 직경 1.0 mm 이내에 모두 드릴된 것으로 나왔고, B Bit의 경우는 직경 1.5 mm 내에서 불규칙적으로 가공되었다.

여기에서 본 바와 같이 A Bit가 위치 정밀도에서 훨씬 양호하다고 할 수 있다.

5) Resharp성

Bit는 계속적으로 Heat 하면서 Cut날, Margin, Web 등이 마모가 일어나기 시작한다.
그래서 어느 정도 가공 후에는 반드시 재 연마 가공하여 날을 정상화해주어야 한다.

그런데 Bit에 따라 Resharp가 잘되는 Bit와 잘 안되는 Bit가 있는데 사전에 Resharp를
외부나 자체에서 해 봄으로서 Resharp성을 민번해주어야 한다.

6) Hole 품질성

실제 Bit를 사용하여 실제 PCR에 추친(적성) 조건을 이용하여 드릴 작업 후에 홀의 품
질적인 측면을 체크/평사헤이 한다.

● 홀 주위의 Burr 정도

드릴 가공 후 육안으로 쉽게 확인 가능한 품질이 홀 주위의 Burr 발생 정도로 평가한
다.

● 홀 내부 상태

① 홀 내부의 Roughness

X-Section 하여 홀 ϕ 별로 내부의 거칠기 정도를 확인한다.

② Nailhead

다층 PCB를 가공하여 홀 내부 내층 접속 부위의 Burr의 정도를 측정한다.
(X-Section)

③ 홀 굴곡 상태

X-Section을 통하여 홀의 곧은 정도를 확인하여 홀 내부에서의 Bit 휨 정도를 확인
한다.

4.2.3 Brush

(1) 성능 평가

1) 표면 조도

평가하려는 Brush를 정면기에 Setting 하여 정상 조건(압력, 속도 등)으로 정면 후 표면
처리 상태를 SEM 사진을 촬영한다.

① 표면 정면 상태 확인(균일 상태)
② 표면 조도 상태를 조도계를 이용해 표면 조도 상태 Graph화(조도의 균일화)

2) Cleaning 성

Brush 정면은 표면 조도와 표면 세정에 있으므로 심하게 오염된 보드를 준비하여 적정 조건에 의해서 정면 처리 후 제거 능력을 체크 평가한다.

3) 실 제품에서의 품질 평가

실제 PCB를 선정하여 Brush 별 적정 조건에 의해 정면 처리 후 D/F을 사용, 동일 조건 하에서 회로 형성 후 내층 공법과 도금 공법(패턴 공법)을 이용해 중간 제품의 open/short를 Data화하여 실제 Data를 토대로 정면 효과 차이의 품질 Data를 내 봄으로서 평가하는 방식이다.

(2) 작업 평가

1) Brush 수명

실제 정면기에 장착하여 사용하면서 최대 사용 가능 Brush 높이까지 사용한 후 처리 PNL수를 환산하여 -m2 처리/Brush를 뽑아내어 이 Brush의 수명을 알 수 있고 수명이 길수록 원가 절감에 기여한다.

2) 교체의 용이성

Brush는 사용 중 수명이 다하면 새 Brush로 교체하여야 하는데 사용하는 정면기 구조에 맞게 쉽고 빠른 시간 내에 분리, 조립되어야 생산성에 도움이 된다.

즉, 쉽게 탈착이 되어야 한다.

3) 작업 종류에 따른 적합성

PCB 표면 정면 처리에는 여러 가지가 있는데 드릴 후 Burr를 제거하는 Deburring용 Brush, Imaging 전에 사용하는 Brush, 인쇄 작업 전에 사용되는 Brush 등 사용 목적에 따라 Type, 형태, Grit 수 등이 모두 다르므로 이 용도에 맞게 Brush를 선정, 사용하는 것이 중요하며, 이 선정이 잘못 되었을 때 많은 PCB 불량이 발생하므로 사전에 용도, 목적, Type 등을 신중히 검토 설정해주어야 한다.

4.2.4 스퀴지

(1) 내 마모성

스퀴지는 Ink에 밀착시켜서 PCB에 전사시키는 기구로서 반드시 스크린 위에서 작업이 이루어진다.

즉, 실크스크린과 무수히 많은 접촉으로 인해 마찰이 생기고 이에 따라 스퀴지는 조금씩 마모가 일어날 수밖에 없다.

그렇기 때문에 이 재질은 특히 마모에 강한 재료로 만들어진다.

평가 방법은 Silk Screen 중에서 Mesh가 굵은 100 Mesh 정도의 스크린 위에서 동일한 조건(압력, 각도, 속도 등)을 주어 Ink 없이 동일 횟수만큼(1,000 회 이상) 밀어서 스퀴지의 마모 폭을 정확히 측정하여 내 마모성을 측정하면 알 수 있다.

(2) 내 용제성

인쇄에 사용되는 Ink는 사방 중 어떤 종류의 용제(溶劑)를 사용한다. 이렇기 때문에 스퀴지는 당연히 용제에 강해야 한다.

평가 방법은 인쇄 시 가장 많이 사용하는 용제인 B.C 또는 아세톤 등의 용제에 스퀴지를 담궈서 시간대별 스퀴지의 손상, 부풀음 등을 체크함으로서 평가가 가능하다.

(3) 경도

스퀴지는 인쇄 종류에 따라 스퀴지의 경도가 모두 다르다.

즉 Pattern 인쇄, PSR 인쇄, Paste 인쇄 등에 따라 그 경도가 상이한데, 우선 이 용도에 맞는 경도를 선정하는 것과, 이 선정된 스퀴지가 실제 경도가 나오는지 경도계를 사용해 측정/평가해주어야 한다.

(4) 깨짐성

스퀴지는 스크린 면상에서 완전 밀착하여 균일한 압력으로 많은 횟수의 접촉을 하면서 연속 인쇄 작업을 수행하는데 스퀴지의 유연성이 깨져 스퀴지의 이가 빠지는 현상이 발생할 수 있다. 이것은 인쇄면에 큰 불량을 초래하므로 깨짐성 평가를 해 주어야 한다.

스퀴지의 재질은 일반적으로 우레탄 고무로 얼마만큼 정품을 쓰느냐에 따라 내 용제성, 내 마모성이 결정이 되는데 사용 중 이러한 용제, 접촉 등에 의해 재질의 변화를 가져오면서 깨지는 현상이 나타난다.

그러므로 용제에 최소 24 시간 이상 담근 후에 스퀴지를 꺼내어 100 Mesh 이하의 굵은 스크린 위에 인쇄 작업을 하는 과정을 되풀이하면 재질의 양·불에 따라 깨져 이가 빠지는 재질이 나타난다.

(5) 재 연마성

스퀴지는 작업을 연속해서 하다보면 마모가 일어나기 시작하여 스퀴지 날이 무디어 진다. 이때 날을 세워주기 위해 재 연마를 하게 되는데 재 연마가 잘 되어야 한다.

쉽게 재 연마기에 스퀴지를 장착하여 기준 조건에 의해 연마해 보면 쉽게 재 연마성의 적합성을 판단할 수가 있다.

(6) 변형성

스퀴지는 항상 수평과 곧음을 유지해야 한다. 즉, 뒤틀리거나 휘는 현상이 발생하면 바로 인쇄 불량에 직결되기 때문이다.

따라서 스퀴지는 같은 작업을 계속 장시간 반복하여도 작업 후에도 바로 원상 복귀하는 복귀 능력이 중요하다.

평가 방법은 스퀴지를 스퀴지의 가로, 세로 방향 두 방향으로 강제로 휘여서 24시간 이상 방치 후 풀어서 10분 이내에 스퀴지의 방향성 변형 여부를 육안 및 수평대 위에서 확인함으로서 변형성 여부를 확인/평가할 수 있다.

4.3 약품

4.3.1 옥사이드

약품 처리 중 내층의 표면 흑화 처리로서 중요한 공정으로 전처리, 본처리, 후처리로 나누어져 있다.

(1) 전처리

1) 탈지

- 탈지력 평가

  내층 패턴의 온갖 오염물, 산화 등을 세척해야 하는 공정으로 심한 산화, 지문 등을 표면에 만들어 기준 조건 하에서 처리 후 세척 정도를 확인/평가한다.

- D/F Resist 제거력 평가

  내층의 최종 처리 단계인 D/F 박리 공정 중 남아 있을 수 있는 잔사의 제거는 무척 중요하므로 D/F 잔사가 남아있는 내층 PCB를 기준 조건 하에서 처리하여 제거 정도를 확인/평가한다.

- Wetting 성 평가

PCB의 발전에 발맞추어 현재는 내층에 홀이 형성된다. 즉, Buried Via Hole에 대비하여 탈지액의 홀 속 Wetting력 또한 중요한 성능 중 하나로서 내층 두께별 홀 φ별 드릴 가공 후 무전해, 패널 동도금 후 탈지를 기준 조건 하에서 처리 후 미 Wetting 된 홀의 정도로서 Wetting 성을 평가한다.

즉, Aspect ratio에 대한 Wetting 정도를 파악함으로서 평가가 가능하다.

• 수세성

탈지약품에는 계면 활성제 성분이 있어 세척이 가능한데 이 세면 활성제 성분을 처리 시 거품을 발생시키는 원인과 동시에 얼마만큼 쉽게 수세되느냐가 중요하다.

즉, 평가는 먼저 처리된 PCB를 수세수에 동일 조건(온도, 처리 시간, 방법 등)으로 처리 후 육안 또는 손으로 만져 보거나 Soft Etching 처리 해보면 수세의 용이성 정도를 확인할 수 있다.

• 수율

생산, 원가적인 측면을 고려해 본다면 액의 수명이 중요하므로 처리 매수의 확인 또한 중요하다.

2) Soft Etching

• 균일한 etch rate

Soft Etching은 Cu 표면에 균일하고 조밀한 조도를 형성시켜 주는 것이 생명으로 etch rate 측정 방법은 처리 전 시편 가로 × 세로 = 10 × 10 cm의 무게를 달고, 적정 조건 Soft Etching 처리 후 시편을 다시 무게를 달아서 처리 전 무게 - 처리 후 무게 = etching Cu 무게이다.

$$\Rightarrow \frac{\text{무게}}{Cu\ \text{부피}} = Cu\ \text{비중}$$

$$Cu\ \text{비중} = \frac{\text{무게(g)}}{10 \times 10 \times X\ cm}$$

$$X(cm) = \frac{\text{무게(g)}}{100\ cm^2 \times Cu\ \text{비중}(g/cm^3)}\ \text{로서 etching된 Cu 두께를 알 수 있다.}$$

etch rate가 적정 수준 여부를 확인하면(보통 내층 S·E rate는 1~2μm 정도) etch rate가 균일한지 여부를 확인해 보아야 한다.

확인 방법은 육안으로 전 표면을 관찰하여 조도가 균일한지 여부를 확인해 준다.

• Cu 농도

Soft Etching은 처리되면서 etching Cu가 계속 액 속에 누적되므로 수명을 단축시킨다. 즉, 액 수명, 원가 절감의 측면에서 본다면 높은 Cu 농도 하에서도 Soft Etching이

되는 약품이 좋을 것이다.

최대 Cu 농도를 체크해 볼 필요성이 있다.

• 안정성

Soft Etching 약품은 주 약품이 무엇이냐에 따라서 이 약품이 액의 붕괴 없이 지속적으로 처리되며 폐기전까지 균일, 일정한 etch rate를 갖느냐, 액의 관리적인 측면에서 용이하느냐 등이 상당히 중요하며 또한 안정성을 갖기 위해 첨가되는 약품은 있는지 없는지 등이 액 관리에 있어 상당히 중요한 요소이다.

(2) 본처리(옥사이드)

1) 성능 평가

• Peel Strength

옥사이드 처리 목적은 바로 내층 사이사이의 절연체와의 Bonding력으로 얼마만큼 강한 접착력을 갖느냐가 중요하다.

평가 방법은 Cu foil를 준비하여 편판 보드에 붙여 정면 처리한다. 이 처리된 Cu foil을 규정 조건에 따라 옥사이드 처리하고 건조하여 절연물을 준비하여 옥사이드 된 Cu foil 면과 접촉하게끔 Lay-up하여 규정 조건으로 Press(적층)한다.

이 적층된 보드를 부위별로 4~5 point를 폭 1 cm로 Cutting 하여 Cu foil을 인장력 측정기를 이용해 당겨서 이때 걸리는 인장력을 측정하여 판단한다.

일반적으로 기준 Peel Strength는 1.0 kg/cm 이상으로 평가 기준을 삼으면 된다.

• 옥사이드 함량 측정

옥사이드의 과다, 과소 등은 적층 후 Bonding력에 영향을 미치므로 반드시 옥사이드 처리 후 함량 측정을 하여 적정 여부를 파악해주어야 한다.

우선, 시편 10×10 cm의 PCB 무게를 달고, 이어서 이 시편을 옥사이드 건조대로 처리 후 완전 건조 후 다시 무게를 단다(A).

옥사이드 처리된 PCB를 황산/염산 수용액에 담궈서 옥사이드 층을 완전 박리 후에 수세처리 후 완전 건조 후 다시 무게를 단다(B).

$$A - B = 옥사이드\ 무게$$

$$Cu\ 비중 = \frac{무게}{부피} = \frac{A - B}{10 \times 10 \times X\ (cm^3)}\ 에서$$

$$X(cm) = \frac{A - B}{Cu\ 비중 \times 100\ cm^3}\ 로서\ 옥사이드\ 막\ 두께를\ 알\ 수\ 있다.$$

일반적으로 Black oxide 경우 0.2 mg/cm2 이상, Brown oxide 경우 0.2 mg/cm^2 이

하의 옥사이드 된 양을 보인다.

2) 작업성/외관 평가

- Color의 균일성

옥사이드의 Color는 처리의 균일성을 알 수 있는 지표로서 옥사이드 처리된 PCB의 전·후 Cu 표면의 균일한 색상은 곧 처리가 균일하게 되었다는 것을 알 수 있는 것이며, 액의 혼합 역시 쉽게 균일하게 되었다는 것을 알 수 있다.

- Pin hole 유·무

옥사이드는 Cu 전 표면에 대해서 완벽하게 처리되어야 한다.

처리된 표면에 이유 없이 Pin hole(처리가 안된 구멍) 등이 나타난다면 큰 문제이므로 처리 후 정밀 검사가 필요하다.

- 옥사이드 층의 견고성

옥사이드 층은 화학 반응에 의해 Cu를 Cu2O 또는 CuO로 변화시킨 층으로 Cu와 일체화되어야 한다.

옥사이드 처리 후 처리 표면에 스카치 Tape를 밀착하여 90° 각도로 순간적으로 당겨서 Tape를 떼어 낸다. 이때 떼어낸 Tape를 관찰하여 옥사이드 층이 떨어져 나오면, 접착 강도에 문제가 있을 수 있는 것으로 판단하면 된다.

- 수세성

옥사이드 약품 역시 알칼리 약품으로 처리 후 수세는 일반적으로 쉽지 않다. 그래도 쉽게 잘 씻겨나가는 것이 좋은 약품이다.

옥사이드 처리 후 동일 조건으로 수세하여 건조 후 표면을 관찰하여 얼룩, 약품 잔류물 등을 확인하여 수세성을 평가한다.

- 표면 옥사이드 조도

옥사이드 처리는 Cu 표면에 침상 구조의 조도를 형성시켜 주어 절연물과 접착 강도를 높이려는 목적이므로 처리 후에 반드시 표면 상태를 SEM 촬영 등으로 고 배율로 사진/현상하여 처리 균일도, 조도 균일성, 이물질 등의 잔존 여부 등을 면밀히 분석/평가하여야 한다.

- 수율

생산성 및 원가 측면에서 수율은 매우 중요하다.

즉 처리 가능 매수/ l 를 체크해 봄으로서 수명/단가가 파악이 되므로 실제 사용하면서 최종 폐기까지의 수율이 계산된다.

3) 후처리

  • 내산성

  옥사이드 후처리는 뒷 공정에서 발생할 수 있는 Pink ring의 발생을 미연에 방지하는
  처리로서 여러 가지 방식이 있으나 모두 목적은 산에 견딤성을 부여하는 처리이다.
  평가 방식은 옥사이드 및 후처리된 Cu 표면에 미리 준비한 HCl 수용액(10~30%)을 피
  펫에 소량 흡입하여 Drop 시킨 후에 견디는 시간을 측정함으로서 평가할 수 있다.
  오래 견디는 후처리가 좋다고 할 수 있다.

  • 부산물 정도

  후처리함에 따라 발생하는 반응의 부산물의 정도로서 파악하는데 이것은 액의 수명
  및 처리 효과 등을 알 수 있으며 액의 관리 측면에서도 중요하다.

  • 수율

  후처리 역시 얼마만큼 처리할 수 있느냐가 생산성 및 원가에 큰 영향을 주므로 처리
  매수/ l 를 확인해 보아야 한다.

  • 액의 안정성

  후처리 약품은 특수한 약품으로 처리 및 방치 시 쉽게 안정성이 깨져 약품을 못쓰게
  되는 경우가 발생할 수 있으므로 액의 안정성 여부를 사용하면서, Type의 종류에 따
  라 고려해 보아야 한다.

  • 처리 후 Peel Strength

  옥사이드 처리 후의 Peel Strength가 후처리 후에도 그대로 있거나 근접해서 유지가
  되는지 여부는 상당히 중요한 것으로 반드시 옥사이드 처리/후처리까지 처리 후의 인
  장력 체크는 필수이다.

4.3.2 무전해 화학 동도금

무전해 화학 동도금은 PCB의 최초의 Through hole 도금으로서 매우 중요한 공정이다.

(1) 전처리

  1) 탈지

  무전해 화학 동도금의 탈지는 디버링 및 디스미어 후의 PCB 표면의 산화, 오염물, 지문
  등을 제거 해주는 세척 공정이다.

● 탈지력

평가 방법은 PCB Cu 표면에 산화, 오염물, 지문 등을 만들어 규정 방식에 의해 탈지 처리 후 제거 여부를 육안으로 확인한다.

● Wetting 성

탈지액은 최초의 드릴된 홀 속의 약품으로 홀 φ에 관계없이 완전 Wetting이 되어야 이후 전처리가 무리 없이 처리된다.

평가 방법은 PCB 보드에 홀 φ 별로 드릴하여 가능하면 Aspect ratio를 크게 설정하여 기준 방식으로 dip 히여 끼내어 홀 속에 비 Wetting 된 홀의 개수를 서로 비교함으로써 비교 평가가 가능하다.

● 수세성

탈지액은 세척 용도이므로 액 속에는 계면 활성제 성분이 들어 있는데, 이 성분은 수세가 쉽게 되어야 하는데 평가 방식은 기존 탈지 처리 후 동일 방법으로 수세(시간, 방식) 후의 표면 상태를 육안 및 손으로 만져 확인한다.

2) Soft etching

Soft etching은 무전해 동도금 입자가 밀착력 있게 도금되게 하기 위한 Cu 표면의 조도 형성 공정이다.

● etch rate

Cu 표면의 균일한 조도 및 적당한 요철 부여는 매우 중요한 공정으로 현재 etching 조건에서의 etch rate 측정이 필요하다.

측정 방법은 이전 oxide soft etching 측정 방법과 동일하다.

● 균일성

적당한 요철과 더불어 균일 조도 형성이 생명이다.

기준 처리 조건으로 처리 후 PCB 전·후면의 전면을 육안으로 확인하여 평가한다.

● 수율(Cu 농도)

원가, 생산성적인 측면을 고려해 보면 액 중 녹아나는 Cu 농도의 사용 범위가 넓고, 높을수록 액의 수명이 길어진다. 따라서 수율(처리매수 : - 매/ l)을 늘릴 수 있으므로 반드시 수율을 체크해 보아야 한다.

● 안정성

모든 Soft etching 약품은 온도 및 농도에 따라 균형을 쉽게 잃을 수 있는 약품으로 안정제 등이 들어가는 경우가 많으므로 반드시 확인 필요하다.

3) Catalyst

Catalyst는 무전해 동도금 입자가 잘 달라붙게 하는 기본 촉매로서 매우 중요한 공정이
다.

• Type

Catalyst 용액의 대부분은 SnPd의 혼합액으로 산성분 속에 녹아 있다. 이 산에는 Hcl
및 H2SO4 등이 있는데 현재까지 Hcl이 주류이며 근간 H2SO4 Base도 나오고 있는데,
서로 특성에서 약간의 차이가 있다.

먼저 이 Type을 알아서 적합한지 여부를 파악해야 한다.

• 농도

Pd의 사용 농도를 미리 파악해 보아야 한다.

즉, 약품 업체별 Pd의 농도가 다르므로 이것은 후에 홀 속의 품질 및 원가에 큰 영향을
주므로 가능하면 저 농도에서 사용 가능하다면 좋다.

• 흡착 정도

PCB의 홀 속에 얼마만큼 빨리 균일하게 촉매 입자가 흡착하는 가는 도금의 균일성에
큰 영향을 미치므로 꼭 평가해 주어야 한다. 평가 방법은 동일 시간을 기준 조건 하에
서 처리하며 무전해 동도금을 동일 조건으로 처리 후 도금 된 상태를 보고 어느 것이
빨리 흡착되는 지를 알 수 있다. 이것을 시간대 별(분)로 check하면 가장 정확하게 알
수가 있다.

4) Accellator

Accellator는 무전해 동도금의 도금 속도를 Up해주고, 도금 밀착력을 향상시키기 위해
Catalyst 처리의 Sn을 강제로 제거시켜주는 공정이다.

• Sn 제거 능력

Sn의 제거를 잘 하는지 여부는 Accellator 액을 관찰해 보면 쉽게 알 수가 있다.
평가는 동일 조건으로 동일한 PCB를 Accellator 처리하면서 동일 시간에 액 중 Sn 부
유물의 정도를 확인 가능하고, PCB의 동도금 상태에서 밀착력 정도로서 간접 확인 가
능하다.

• 동도금 속도

Accellator를 처리 안하고 동도금하고, Accellator를 처리하여 동도금 해 봄으로서 상
대적인 동도금 속도를 파악해 봄으로서 실제 그 역할을 충분히 하는지 못하는지 알 수
있다.

5) 무전해 화학 동도금

무전해 화학 동도금은 화학적으로 촉매 이온 입자(Pd2-)에 Cu2+이 달라붙음으로서 도금이 되는 것으로 가장 중요한 공정이다.

- 균일 동도금 성

동도금은 홀 속 및 표면에 일정한 두께로서 균일하게 도금되어야 한다.

평가 방법은 기준 조건(온도, 도금 시간)에서 도금 후 홀 φ별, 표면 부위별 도금 두께 측정기 및 X-Section으로 균일 여부를 확인하면 된다.

- Throwing Power

동도금은 강력한 Wetting력을 가지고 있어야 한다. 즉, Aspect ratio가 큰 홀 역시 완벽하게 도금되어야 한다.

평가 방법은 홀 φ 별(주로 Small hole)로 드릴 및 디버링 후 적정 조건으로 무전해 동도금 후에 실제 도금 상태를 모든 홀에서 확인하여 aspect ratio가 어느 지점에서 Small hole에 도금이 잘 안되어 Void가 나오는지를 확인하여 평가한다.

가능한 aspect ratio가 큰 즉, Small hole에서도 도금이 잘 되는 약품이 우수하다.

- 도금 두께

동도금에서는 Heavy, Medium, Light Copper 등이 있는데 이것은 동도금 두께 차이로 규정지어져 있다. 동도금은 규정 두께가 도금되어야 한다.

평가 방법은 홀 φ 별 적정 도금 후에 X-Section을 여러 홀에 걸쳐 실시한 후 홀 내부의 상·중·하 부위별 도금 두께를 측정하여 적정 두께 여부를 확인하여 평가한다.

- 액의 안정성

무전해 동도금 약품은 항상 각 성분들이 균일하게 조화를 이루면서 도금되어야 하며 이를 위해 각 성분 약품의 지속적 보충 공급, 연속 여과, 연속 Air 공급 등이 이루어지는 데도 불구하고 간혹 Ballance가 깨져 액을 못쓰게 되는데, 이렇기 때문에 약품 업체별 액의 안정성에 많은 노력을 하고 있다.

따라서 사전에 정보를 많이 입수하여 사용중인 업체의 실제 사용 중에 발생했던 액의 붕괴 등을 미리 알아서 평가해야 한다.

- 도금의 품질

동도금을 실시한 후에 여러 가지 부분에서 도금 품질을 체크해 보아야 한다.

① 밀착성

- 동도금의 밀착성은 쉽게 평가가 가능하다.

즉, 열 충격 test(솔더 pot 288℃, 10 sec, 3 cycle)를 실시 후 홀 속의 도금 뜸 또는 다층 PCB의 경우 내층 접속 분리 현상 등을 X-Section을 통해서 확인 가능하다.

- 균일 도금성(void)

PCB의 상·하 Cu가 홀 속 절연층과 분리되어 있는 상태를 동도금으로 연결시켜야 하므로 홀 속에 void 등이 발생하면 큰 문제가 된다.

이것을 평가하는 방법은 PCB의 확인 홀(홀 φ별 그 PCB에 가공된 홀 종류를 PCB 외곽에 확인 차원에서 뚫음)을 정기적으로 추출하여 Back Light 방법에 의해서 void 의 유·무를 확인할 수 있다.

Back light test의 방법을 다음에 설명하고 있다.

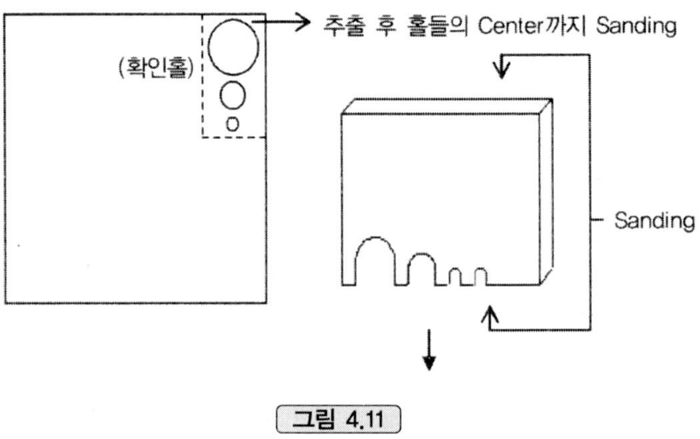

그림 4.11

Sanding 후에 시편을 〈그림 4.12〉와 같이 시편을 미리 준비된 아래에서 후레쉬와 같은 Light가 쏘여지는 부분에 올려놓고 위에서 사람이 육안으로 확인하는 방법으로 아래 그림과 같이 빛이 새어 나오는 부분이 발견되면 그 홀에서 void가 있는 것을 확인하는 방법이다.

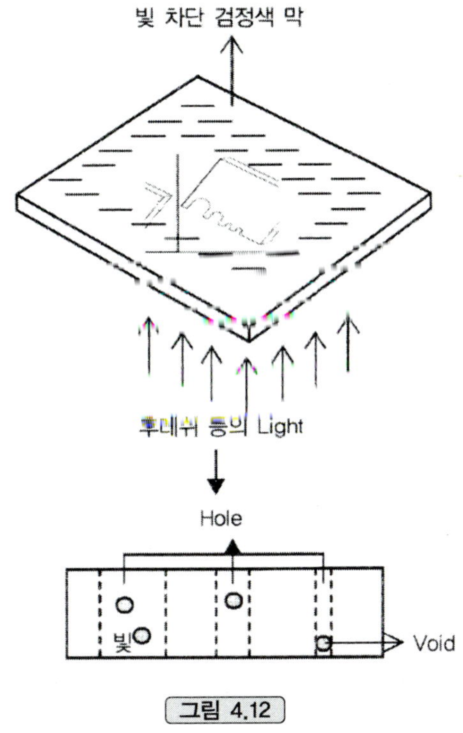

그림 4.12

- 도금 입자

동도금 입자는 업체별로 약간의 차이가 있는데 가능한 미립 동입자가 균일 도금 및 void에 있어서 좋다고 판단된다.

확인 방법은 동도금된 홀 속이나 표면을 SEM 사진을 찍음으로서 확인 가능하다.

다음은 위에 열거한 동도금 불량에 대한 설명 그림이다.

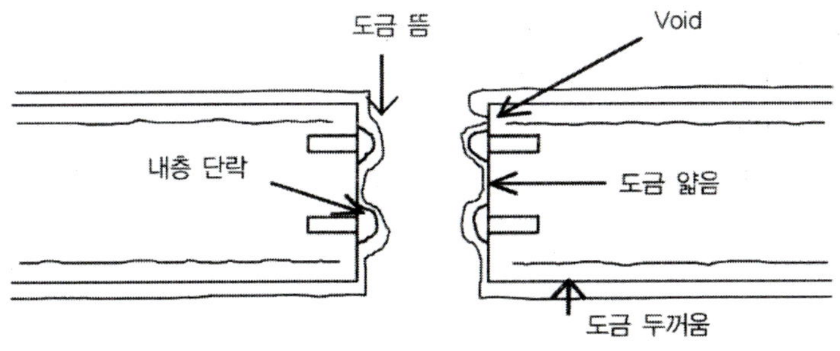

그림 4.13   무전해 동도금 홀 속 불량

- 수율

　무전해 동도금 역시 처리 매수를 무시할 수 없다. 즉, 처리량/ *l* 를 계산해 봄으로서 생산성 및 원가를 산출해 보아야 한다.

-작업성

　무전해 동도금 약품을 관리하고 원활한 작업이 이루어지려면 무엇보다도 약품 관리가 수월한 것이 좋겠다.

　즉, 액 종류의 간단 명료, 공급의 수월, 쉽게 액의 붕괴 등이 안 되는 약품이 좋을 것이다.

　또한 무전해 동도금 탱크 내에는 가능한 동도금 입자가 덜 석출되는지의 여부로 파악해 봄으로서 약품의 낭비를 줄이는 방향이 좋을 것이다.

4.3.3 광택제

전기 동도금의 광택제는 도금에 있어서 여러 가지의 기능을 수행하는 중요한 성분이다.

(1) Throwing power

　광택제는 홀 속 도금의 Wetting력 즉, throwing power를 결정짓는 성분으로 그 평가 방법은 비교적 두꺼운 PCB를 준비하여(2.4 t~3.2 t) CNC 드릴 및 무전해 동도금을 한다. 이때 드릴 φ는 여러 가지로 하되 주로 Small hole φ를 다양하게 하여 Aspect ratio를 크게 만든다.

　적정 조건(도금액 온도, 도금 시간, 전류 밀도, 적정 용액 조건)으로 도금 후 홀 φ 별 X-Section을 한다.

　Throwing power 계산은 〈그림 4.14〉와 같다.

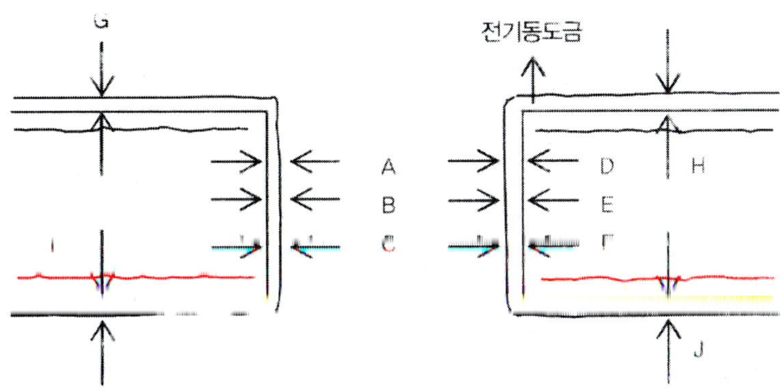

$$\bullet \text{홀속 도금 두께 평균} = \frac{A+B+C+E+F}{6}(\mu m)$$

$$\bullet \text{표면 도금 두께 평균} = \frac{G+H+I+J}{4}(\mu m)$$

$$\text{이때 Throwing power} = \frac{\text{홀속 도금 두께 평균}}{\text{표면 도금 두께 평균}} \times 100(\%)$$

그림 4.14 Throwing power 계산 방식

즉 throwing power가 좋다는 것은 PCB의 홀 속 도금 두께와 표면 도금 두께가 거의 같다는 것으로 throwing power는 수치가 높을수록 좋다는 것이다.

일반적으로 Aspect ratio가 큰 PCB(즉, 두께 대비하여 홀 ф가 작은)에서 거의 throwing power를 측정해 봄으로서 이 광택제의 성능을 알 수가 있다.

일반적으로 80% 이상의 throwing power 정도면 양호하다고 볼 수 있다.

(2) Hull cell test

전기 동도금 약품은 광택제 평가에 있어서 반드시 Hull cell test해 보아야 한다.

평가 방법은 Hull cell test 조에 전기 동도금 용액을 넣고, Hull cell 시편을 넣는다.

이 Hull cell 시편은 Cu 아노드 판으로 - 극에 연결되고, Cu 아노드는 + 극으로 연결한다. 이어서 전원을 -극의 시편의 면적에 맞게 A/dm2를 적용하여 10분간 도금을 실시한다.

도금이 완료된 후에 시편을 꺼내어 시편의 전면 도금 상태를 확인한다. 이때, 고 전류부터 저 전류 부위까지의 도금 광택 상태 및 도금 균일도, 표면 상태(pit, pin hole 등)를 확인하여 평가한다.

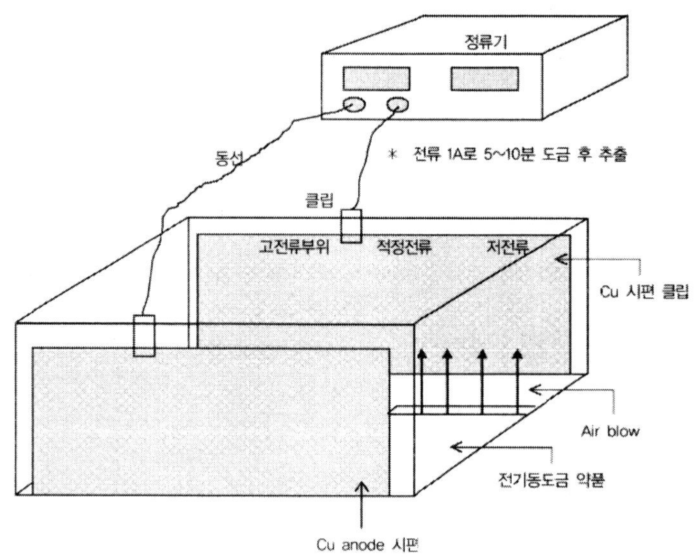

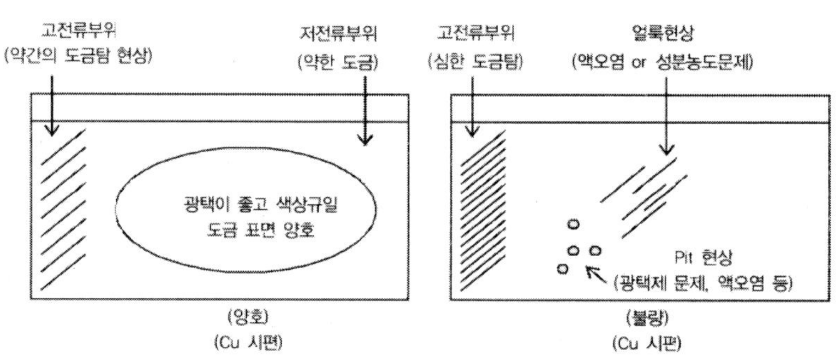

그림 4.15 Hull cell test 및 판독 방법

(3) 전류 적용 범위

광택제의 성능에 따라 전기 동도금 시 적용되는 전류의 범위가 달라 질 수 있다.

예를 들어 일반적인 광택제는 전류 밀도 1~3 A/dm² 정도로 규정되어 있고 이 범위를 벗어나면 도금 물성, 상태 등에 문제를 야기시킨다.

즉, 성능이 좋다는 것은 이 범위를 넓힌 것으로 보통 1~6 A/dm² 정도로 사용 범위가 넓어고 전류에서도 도금이 전혀 문제가 없다는 것을 말하며, 이것은 곧 생산성에 크게 영향을 미친다.

즉, 2 A/dm²×1 시간 도금을 하여야 적정 도금 두께 25~30μm을 얻을 수 있는데, 만일 6 A/dm²로 도금을 한다면 20 분만에 25~30μm의 도금 두께를 얻을 수 있다는 것이고 이것은 생산성을 3배 올리면서 생산량의 증가를 가져올 수 있다는 것이다.

사전에 충분히 정보를 입수함과 동시에 실제로 고 전류에서 사용시 문제가 없는지에 대해 충분한 고려가 필요하다.

(4) 거품 발생 정도

광택제는 계면 활성제 성분이 들어가 있는데 이는 기품을 발생시킨다. 이 거품은 정도에 따라 후속 솔더 노금 능에 영향을 미칠 수 있으므로 거품이 가능한 적게 발생하면서 또한 후 수세에서 쉽게 제거가 되는지 여부 역시 파악해 주어야 한다.

(5) 도금 두께 적절성

Throwing power와 비슷하지만 Throwing power는 홀 속/표면의 도금 두께가 가능하면 일치하는 것이 좋다는 것이고, 적절성은 적정 조건으로 도금 시 요구하는 두께가 나오느냐 하는 것이다.

평가는 전류 밀도별(1A, 2A, 3A, …) 도금 시간별 도금 두께를 홀 ϕ 별 X-Section 또는 홀 속 도금 두께 측정기로 측정하여 조건대로 도금 두께가 오르는지 확인해 보아야 한다.

(6) 광택도

Cu 도금은 광택제에 의해 광택이 나는 양호한 도금이 되는데 적정 조건에 의해 처리 시 이 광택이 PCB의 모든 면에서 균일 광택이 나오는지를 반드시 확인해 보도록 한다.

(7) 수율

광택제는 다른 약품보다 고가로서 생산 원가에 큰 비중을 차지한다. 따라서 처리 가능 매 수/ l (수율)의 파악은 중요하면, 가능하면 저 농도에서 많은 양을 처리할 수 있으면 더더욱 좋겠다.

4.3.4 부식액

모든 부식액은 PCB 회로를 최종적으로 완성시키는 수단으로 사용되므로 중요한 약품이다.

(1) Etch rate

부식액은 그 Type(산 또는 알칼리) 및 업체별 그 특성 및 etch rate가 다를 수 있다.

우선 어떤 용도에 적용하느냐에 따라 그 적용을 정확히 해야 겠다. 즉 oz가 두꺼우면서 대량 생산 및 품질이 크게 까다롭지 않을 경우는 etch rate가 높은 즉, High speed 부식액을 적용하는 것이 좋을 것이고, 얇은 Base Cu이면서 Fine pattern 제품을 적용하면서 다품종 소량일 경우에는 아무래도 Low speed의 부식액을 적용하는 것이 바람직할 것이다.

또한 etch resist가 무엇이냐에 따라서 산 type이나 알칼리 type의 부식액의 선택도 중요하다.

평가 방법은 우선 입수된 data를 확인하고 그 정상 조건 하에서 실제 Cu의 etch rate가 나오는지를 실제 check해 보아야 겠다.

즉, 부식되는 Cu 두께(μm)/분이 실제로 data와 같이 나오는 지가 중요하다.

(2) Under Cut

회로를 부식 후 가능하면 측면 부식율이 적을수록 좋은 회로를 제작할 수 있다. 즉, 회로를 측면에서 볼 경우 〈그림 4.16〉과 같다.

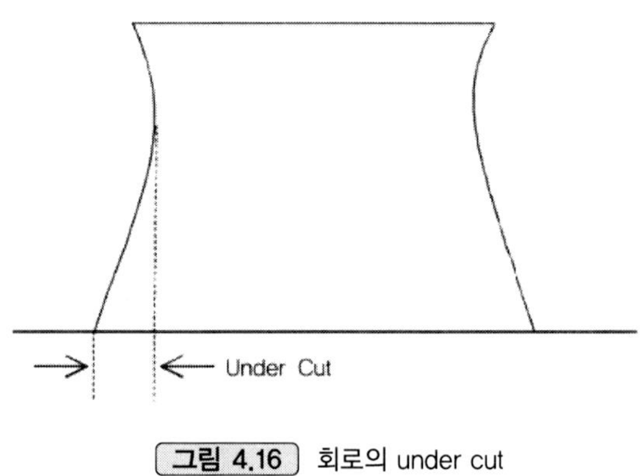

그림 4.16 회로의 under cut

이상적인 회로는 회로의 under cut을 제로(0)화하는데 있는데 이는 실제 실현 불가능하다.

따라서 이 under cut을 가능한 적게 해주는 것이 관련 목표이다.

평가 방법은 각 부식액을 최적 조건(온도, 비중, PH, Cu 농도, 압력 등)으로 부식 후 동일 위치의 회로를 X-Section하여 under cut의 정도를 측정함으로서 평가가 가능하다.

(3) 부식의 상태

under cut과 더불어 회로 형성에 중요한 것은 회로의 상태라 할 수 있다.

회로는 부식 후에 oz에 해당되는 적절한 양만큼만 회로폭이 줄어야 하며, 또한 회로의 형상이 정상적이어야 한다.

즉, 다음 〈그림 4.17〉과 같이 여러 형상의 회로측면 모습이며 정상 상태를 유지하여야 한다.

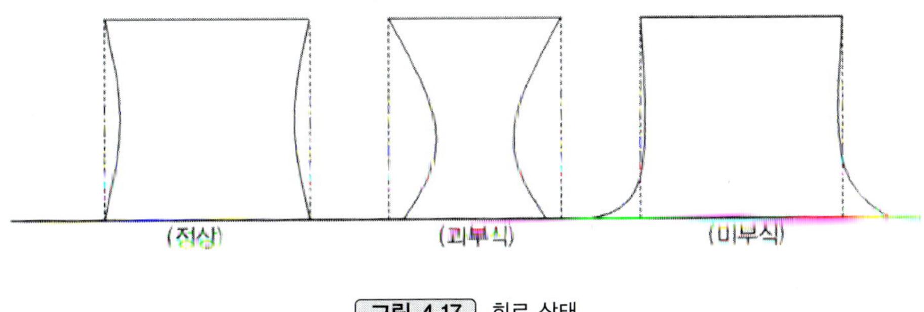

그림 4.17 회로 상태

위 그림에서 나타낸 것과 같이 과부식 및 미부식 상태가 나타난다면 큰 문제가 된다.

평가 방법은 PCB의 상·하 부분의 여러 부위를 X-Section 및 확대경을 통해서 확인 가능하다.

(4) 액의 안정성

부식액의 산 또는 알칼리 약품으로 계속적인 액의 공급으로 끊임없이 재생되면서 연속 부식작업이 가능하다. 즉, 생산의 연속성이 이루어져야 하는데, 이점에서 액의 안정성이 중요하다.

이것을 알려면 우선 액을 평가하면서 연속 작업을 하면서 액의 조건(비중, PH, 농도 등)을 주기적으로 계속 분석하면서 변화 추이를 Graph화함으로서 액의 안정 정도를 파악할 수 있다. 즉, 변화 추이가 일정하면서 크게 벗어나지 말아야 할 것이다.

(5) 균일한 부식율

이것은 PCB의 경우 상·하 및 좌·우의 부식율이 일정해야 양호한 제품을 얻을 수 있으므로 설비의 정도하고도 관련이 있으면서 액의 성능의 중요한 점이다.

이것을 평가하기 위해서 우선 설비의 점검을 통해서 노즐의 상태, 압력의 적절 여부, test 보드의 적절성 등을 사전에 점검 및 준비를 끝낸 상태에서 여러 PCB(편판)을 적정 조건으로 부식하여 상·하 및 좌·우 등의 부식 정도를 Cu 두께 측정기를 이용하여 남아 있는 Cu의 두께를 측정함으로서 평가 가능하다. 어느 정도의 평가는 가능하나 절대적인 평가는 어렵다. (설비의 기능/성능 차로 인해)

(6) Sludge 발생 정도

안정성과 관련성이 있는 항목으로 부식을 연속으로 처리 하다보면 전 단계에서 완벽하게 처리한다고 하여도 PCB에 묻어 있는 물기는 미량씩 부식액 속으로 유입되는데 약품에 따라 쉽게 물기에 의해 Sludge(반응의 부산물)가 발생하는 경우도 있고, 그렇지 않은 경우도 있는데, 아무래도 쉽게 Sludge가 발생하지 않는 것이 좋은 약품이라고 볼 수 있다.

(7) Resist attack 정도

부식은 적절한 부식 resist를 이용하여 resist가 덮히지 않은 Cu를 용해/제거하는 것으로 회로를 완성시킨다.

그러나, 약품에 따라 동일한 resist를 사용했는데도 불구하고 resist를 attack하는 경우가 있으므로 이 점을 유념해야 한다.

평가 방법은 적정 resist를 적용하여 회로를 형성한 후에 여러 부식액을 사용하여 부식 후에 회로 상태를 확인하여 회로폭 감소율, 회로 상태(Over etching, under etching), under cut 정도, 회로 결함 등을 종합적으로 확인하여 평가가 가능하다.

즉, resist attack이 심할 경우 위의 불량 현상들이 많이 발생할 것이다.

(8) Cu 용해 농도

수율과도 연관되어 있는 항목으로 부식은 계속적으로 Cu를 용해함으로서 액 중에는 Cu 농도가 계속 축적되어 갈 것이다.

수율(처리매수/ l)이 높다는 것은 곧, 액의 수명과도 같은 애기로서 Cu 농도를 얼마만큼 많이 수용하면서도 부식이 될 수 있느냐를 말하는 것으로 높은 Cu 용해 농도를 수용할 수 있다면 원가 및 생산성, 안정성이 좋다고 할 수 있겠다.

평가는 실제 사용하면서 Data를 끌어내야 가능하다.

4.3.5 박리액

PCB에 사용되는 박리액을 크게 D/F 박리와 솔더 박리로 나누어지고, 그 각각의 평가 항목은 아래와 같다.

(1) D/F 박리

D/F 박리액은 이미 PCB 업체에서 일반화되어 있는 약품을 가장 많이 쓰고 있다.

즉, NaoH와 KoH로서 여기서는 이것에 대해서는 논하지 않고, 특정 목적을 위해 개발된

Blending된 박리액에 대해서 설명한다.

1) D/F Size

상표화된 D/F 박리액은 대부분 Fine pattern을 목표로 하여 개발되어 미세 회로사이의 D/F을 박리할 목적으로 나왔다.

즉, 박리편을 미세화하여 용해 또는 Swell하여 박리하는 겨우가 대부분이나,

평가 방법은 직접 눈으로 소비세 회로 기판(내층 기판 및 외층 패턴 도금 기판)은 비리하여 박리편의 상태 및 바리된 박리 상태를 성밀하게 확인 및 부식 후에 확인으로 평가 가능하다.

여기서 외층 패턴 도금 기판의 밀집 회로 사이의 미세 D/F 박리 파편의 유·무를 정밀 체크하면 거의 그 성능을 평가할 수 있다.

2) Cu의 산화 정도

거의 모든 D/F 박리액은 알칼리 Base로서 박리 후 Cu 표면을 산화시키는데 이것은 가능한 적어야 한다.

평가 방법은 동일 조건으로 D/F 박리 후 자연 방치시켜서 동일 시간대에서 Cu의 산화 정도를 확인함으로서 평가 가능하다. 가능한 Cu 산화가 적게 일어난 것이 좋겠다.

3) 솔더 Attack 정도

패턴 도금 공법에서는 부식 resist로서 Solder 도금을 사용하는 데 일반적으로 사용하는 NaOH or KOH는 장시간 사용 및 액의 노화가 일어나면서 일부 Solder 층을 Attack 하여 회로에 문제를 야기 시킨다.

따라서 Blending 된 박리액은 이점을 보완하였다고 하는데, 평가 방법은 사용중인 박리액을 비이커에 담아서 솔더 도금된 시편을 담궈서 시간대별로 Solder attack정도를 확인하여 적은 것이 좋게 평가가 되겠다.

4) 수세성

박리액은 위에서 언급했듯이 알칼리 Base로 쉽게 일반 상 온수에 세척이 잘 안된다. 가능하면 쉽게 수세 세척이 되는 것이 좋겠다.

평가 방법은 박리 처리 후 동일 조건으로 수세 처리 후 건조하여 육안 확인 또는 손으로 만져서 확인하고, 일부는 부식을 해 봄으로서 알 수 있다.

(즉, 수세가 잘 안되면 부식 resist 역할을 하여 미부식이 발생된다.)

5) 수율

약품의 생산성, 원가 측면에서 역시 중요하므로 반드시 확인/평가해 주어야겠다.

즉, 액의 처리매수/ l (=수명)으로 실제 처리하여 확인해 주어야겠다.

(2) 솔더 박리

솔더 박리는 패턴 도금 공법에서 최종 부식 후에 회로를 완료시키는 공정으로 솔더를 Strip 하는 공정이다.

1) Cu Attack 정도

솔더 박리는 솔더만 박리시키고 노출된 Cu는 부식시키지 말아야 한다. 그러나 약품 종류에 따라 미세하게 부식하는 율이 전부 다르다.

평가 방법은 비이커에 솔더 박리액을 담궈 놓고, 미리 준비한 Cu(가능한 전기동도금된) 시편을 담궈서 시간대별로 부식 정도를 Cu 두께 측정기로 동일 부위를 측정해 봄으로서 Attack 율을 알 수 있다. 즉, Attack 율이 적을수록 좋은 약품이다.

2) 수율

생산성/원가에 직결하는 부분으로 처리매수/ l 를 실제 측정해 봄으로서 알 수 있다.

3) 수세성

마찬가지로 솔더 박리 후에 쉽게 수세가 되는지의 여부를 확인하는 것으로 수세가 쉽지 않은 약품은 잔류 성분이 남아 후에 미세 부식층을 형성하므로 평가해 보아야겠다.

즉, 평가 방법은 솔더 박리 후 동일 조건의 수세를 한 후 자연 건조시킨 후 Cu 표면의 부식 여부를 확인/평가한다.

4) 홀 속 박리 상태

솔더 박리는 부식 후 홀 속 및 회로의 솔더를 박리시키는 공정으로 쉽게 박리가 될지 몰라도 Small hole의 솔더가 쉽게 박리가 안 되는 경우가 있으므로 반드시 확인/평가해 주어야 한다.

즉, 홀 φ별 솔더 도금 후에 적정 조건으로 솔더 박리 후에 Small hole의 박리 상태를 확인함으로서 성능 평가를 할 수 있다.

또한 중요한 것은 사용 중(즉, 적정량을 처리한 후)에 역시 마찬가지로 확인함으로서 최종 평가가 가능하다.

4.4.1 Pin

Pin류은 모든 PCB 공정에 있어서 직·간접적으로 사용되면서 의외로 중요한 공구이다.

(1) 규격의 정밀도

Pin은 여러 공정에서 두루 사용되는데 무엇보나도 위치 정밀도에 크게 관여하는 공구로서 무엇보다도 그 사양(깊이, 폭, 두께 등)의 정밀도가 생명이다.

평가 방법은 주어진 Spec대로 실제 규격이 맞는지를 10% Sampling 하여 규격을 마이크로미터 등을 사용해 90% 이상 규격 OK 되어야 하며 허용 측정 오차를 ±10%로 보고 체크하여야 한다.

(2) 재질의 적절성

Pin은 그 용도에 따라 강성을 요구하는 경우와 연성을 요구하는 등의 차이가 있다. 따라서 그 사용 용도/공정에 맞는 재질로 되어 있는지의 여부를 미리 알아보아야 한다.

참고로 고정 위치 맞춤용/인쇄용 등의 Pin들은 강성 재질로서 장기간 사용 시에도 마모가 잘 안 되는 SUS 또는 고강성 재질로, 다층 층간 고정 적층용의 리벳 Pin 등은 연성으로 리벳 시 쉽게 고정과 적층 시 유동이 적은 용도로 재질을 선택해야겠다.

(3) 단가

PCB 제조 원가에 중요한 부분으로 단가가 저렴하면서 그 용도에 맞는 것을 선택해야겠다.

(4) 외관 마무리 상태

Pin은 정교하게 제작되어야 한다. 미세한 요철, 손상 등이 생각지 못한 불량을 야기할 수 있으므로 외관 등이 미려하고 정교하게 가공되어 있어야 한다.

4.4.2 노광용 Lamp

PCB 감광성 재료 처리 시 반드시 거쳐야 하는 부분인 노광 시 광의 Source를 공급하는 lamp는 여러 가지로 중요하다.

(1) 광원 종류

현재 PCB 노광용 Lamp의 광원에는 할로겐 type, 수은 type, 메탈 할라이드 type 등이 있는데, 수명, 품질적인 면 등에서 볼 때 할로겐 및 메탈 할라이드 type을 선호한다.

우선 광원 type을 미리 알아봐야겠다.

(2) 광 용량

PCB의 공정 특정상 D/F Imaging용으로는 5 kW, PSR Imaging용으로는 7~10 kW가 적정 용량이므로 무엇보다도 어떤 공정 적용이냐에 따라 그 용량을 맞추는 것이 중요하겠다.

(3) 광 수명

Lamp는 무엇보다도 사용 가능 시간이 길면 길수록 생산 원가, 생산성 등이 나아질 수 있으므로 실제 사용 가능 시간의 data와 실제 사용 시 수명을 체크해 봄으로서 그 품질을 평가할 수 있겠다.

이때, 반드시 kW(용량)은 동일하게 적용해야 한다.

(4) 광 균일도

광 균일도는 노광 프레임의 모든 부위의 광의 세기나 광량이 일정하게 조사되는 것을 의미하는데 이것은 노광기 내부의 광 반사경의 구조적 차이 및 내부 구조 등에 따라 달라질 수 있지만 동일 노광기를 적용하여 노광 lamp 별 비교함으로서 절대 평가가 가능하다.

평가는 따라서 어느 lamp가 전 프레임 면에서 균일하게 광량이 주어지느냐로 평가 가능하다.

(5) 냉각 방식

노광기는 현재 수냉식과 공냉식으로 나누어지는데 이는 구조적으로 다르다. 따라서, 우선 노광기의 냉각 방식에 맞는 lamp 구조를 선택해야겠다.

(6) 단가

PCB 제조 원가와도 관련이 있으며 가능한 저렴하면서도 그 용량 및 수명이 보장되어야겠다.

4.4.3 다층 프레스용 SUS Plate

SUS Plate는 다층 적층 시 Lay-up 및 Booking 시 사용되는 SUS 판으로서 다층 PCB 표면에 크게 영향을 미치는 재료이다.

(1) 경도

SUS Plate는 많은 열과 압력을 받고 또한 종거기 스케일 받을 수 있는 재성을 석긴다. 따라서 표면의 경도는 상당히 중요하며 체크되어야 한다.

센도 data를 확인하고 실제로 경도 측정기를 이용하여 경도를 확인/평가해주어야 한다.

(2) 편편도

SUS Plate는 내층 PCB/Pre-preg/Cu foil을 편편하게 지지하여 프레스 기기 내에 들어가서 적층된다. 따라서 편편도가 좋아야 하며 휨 정도 측정을 해 볼 필요성이 있다.

(3) 표면 처리 상태

SUS Plate는 SUS 표면에 최종 Cr 도금강 처리(경면 처리)하므로 강도와 표면 내성, 홈집 등을 마무리하여 제조되는데, 중요한 것은 경면 처리의 상태, 균일 처리 정도, 표면 상태 등이 이상이 없이 깨끗해야겠다.

(4) 규격의 정밀성

SUS Plate는 원하는 규격(가로×세로×두께)이 각기 다를 수 있는데, 제작 후 반드시 그 사양의 일치 여부를 Sampling 10%하여 체크해주어야 한다.

(5) 재 연마처리 여부

SUS Plate는 사용을 계속하다 보면 조금씩 경면 처리 부위가 마모 또는 손상이 가서 품질에 문제를 야기할 수 있다.

그런데 SUS Plate에 따라 재연마처리가 가능한 것과 불가능한 것이 있는데 재 연마처리 가능한 것을 선택해야겠다.

4.4.4 실크스크린

실크스크린은 PCB 인쇄 시 Ink를 PCB에 전사 시켜주는 매개물로서 인쇄에 있어서 기본 재료로서 중요하다.

(1) 내 용제성

실크스크린은 Ink 및 희석 용제를 계속 스퀴지에 의해 마찰과 접촉 상태를 유지하면서 장기간적으로 사용된다. 따라서 용제에 견딤성이 우수해야 한다.

평가 방법은 실크스크린을 용제(BC, 아세톤 등)에 담궈서 시간대별 손상, 변형 등을 체크해 봄으로서 가능하다.

(2) 내 마모성

스크린은 쉼 없이 스퀴지와 접촉을 하면서 작업이 되므로 많은 Stress 및 접촉 마찰을 받는다. 그러므로 쉽게 손상, 파손이 안되는 마모성에 강한 성질을 가지고 있어야 한다.

평가 방법은 스퀴지를 이용해 마찰 횟수를 체크하면서 손상, 파손되는 시기를 체크하므로 마모 강도를 평가할 수 있다.

(3) 내광성

스크린은 용도별로 필요에 따라서는 유제를 도포하여 많은 광을 받는 경우도 있다.

즉, 제판 작업 시 U.V 빛을 받는 경우가 자주 발생되는데 이에 맞게 내광성을 유지하고 있어야 한다.

평가 방법은 U.V 광을 광량, 시간대별로 조사하여 파손, 물성 변화 등을 확인/평가한다.

(4) 복원성

스크린은 잉크를 PCB에 전사시키고 나서 다시 Tension에 의해서 원래 위치대로 상이 복원되어야 연속 작업에서 위치 정밀도를 유지해 줄 수 있다. 스크린의 대단히 중요한 성능으로 반드시 평가가 되어야 한다.

평가 방법은 상을 형성한 후에 PCB를 인쇄하여 인쇄 횟수 별 기준 위치를 이차원 측정기로 정밀 측정함으로서 스크린의 복원 정도를 알 수 있다.

즉, 장기간 사용을 하여도 그 상의 위치가 크게 벗어나지 않는 것이 좋은 스크린이라고 할 수 있다.

(5) 내열성

스크린은 제판 처리 중간 중간에 건조, 광 등에 의해서 직·간접적으로 계속해서 열을 받는데 가능하면 열에 강하여 쉽게 변형, 파손, 손상 등이 가지 말아야 한다.

즉, 열에 의한 변형(Tension 변화, 위치 변화)이 적으면 적을 수록 좋다고 하겠다.

평가는 열 Cycle(냉온-열온의 Cycle을 교대로 수차하여 위치 정밀도 측정) Test를 거쳐 평가 가능하다.

4.4.5 유제

유제는 실크스크린의 제판을 위해 상을 형성시켜주는 중요한 재료이다.

(1) 팀핑싱

유제는 적은 실크스크린의 상을 형성시켜주기 위해 적정 U.V 광을 쪼이주는데 가급적 서 노귀에서 짧게 노광시켜 상을 형성시켜주면 좋겠다.

따라시, 노광량이나 노광 time(단, 고정된 노광 kW)을 측정해 보면 알 수 있다.

(2) 밀착성

유제는 실크스크린 상에 아주 견고히 밀착되어 있어야 한다.

평가 방법은 세선이 그려져 있는 Test film을 놓고 유제 Coating 및 건조 후에 기준 노광량을 쪼여 주고 현상 후에 이상 없이 남아있는 세선의 밀착력을 확인하여 평가 가능하다.

(3) 해상성

마찬가지로 밀집 세선의 폭과 간격이 두께별 그려져 있는 Test film을 놓고 유제 coating 된 면 위에서 노광 후 현상까지 진행하여 최대 해상된 선폭/간격을 확인하여 평가 가능하다.

(4) Coating 성

유제는 실크스크린에 균일 두께로 밀착력 있게 도포가 되어야 한다. 즉, 쉽게 스크린 상에 친화력 있게 도포되어야 후에 이상적인 두께의 상을 얻을 수 있다.

평가 방법은 유제를 적정 조건이나 동일 조건으로 coating 후 유제 도막 두께를 스크린의 여러 부위에서 측정함으로서 유제 두께의 균일 여부, coating성 등을 평가할 수 있다.

이 유제 두께는 도막 두께 측정기로 측정이 가능하다.

(5) Coating 면

유제 coating 된 면은 어떠한 Pin hole, void 등이 없이 완벽 coating 되어야 한다.

평가 방법은 적정 coating 조건으로 도포 후 유제면을 관찰, 검사해 봄으로서 coating 면의 품질을 평가할 수 있다.

(6) 건조성

유제는 실크스크린에 coating 후에 건조기에서 건조가 되어야 한다.

즉, 낮은 온도에서도 짧은 시간 내에 건조가 된다면 여러 가지로 좋을 것이다. 따라서, 건조 조건 확인이 필요하다.

(7) 경도

유제면은 모든 제판 공정이 완료된 후에 실제적인 인쇄 작업이 들어간다.

인쇄 작업은 연속적인 스퀴지와 스크린 및 유제면의 마찰이 이루어지면서 진행된다. 따라서, 유제의 스크래치 등의 마찰에 견딜 수 있는 경도를 갖고 있는 것이 좋다.

평가 방법은 경도가 높은 스퀴지를 갖고 마찰 횟수별 유제면의 손상 유·무를 확인하므로 가능하다.

(8) 현상성

유제는 노광 후에 일반적으로 고압의 수세로 Spray 현상된다. 쉽게 현상이 되어야 하는 것은 말할 나위도 없다.

동일 조건(Spray 압력, 온도)으로 현상 시에 제거되는 시간 및 현상 상태 등을 확인해 봄으로서 유제 현상성을 평가할 수 있다.

(9) 탈막성

실크스크린은 유제 코팅하여 한 제품을 처리하고 나면 재차 다른 모델에 대해서 다시 유제 coating과 상을 형성해서 재활용 처리해야 한다.

이때, 사전의 제품상에 대해서 유제막을 특정 약품에 의해서 박리시켜 내야 하는데 이것이 탈막이다.

당연히 쉽게 탈막이 되는 것이 좋을 것이다.

평가 방법은 동일 탈막제에 동일 조건으로 유제 coating 된 스크린을 넣어서 탈막되는 시간 및 탈막 상태 등을 확인하여 평가할 수 있다.

(10) 사용 수명

유제는 한 번 mixing 되면 유제 coating 하면서 많은 경과 시간을 냉암소에서 보관되어지지만, 유제 자체가 시간이 경과되면서 점도의 변화, 물성의 변형, 산화 등이 일어나서 사용 불가의 상태로 점점 변화해 가는데 가능한 한 번 mixing 된 채로 오랫동안 사용이 가능한 것이 유리할 것이다.

4.4.6 필름

필름은 PCB를 생산하는 데 있어서 모든 data 및 space, 정보 등이 나타나 있는 중요한 재료이다.

(1) 표면 결함성

필름의 외관을 점검, 확인할 필요가 있다.

즉, 원 필름을 빛에 노출시켜 완전히 감광이 되게 한 뒤에 정상 조건으로 현상을 한 후에 필름 표면에 pin hole, 이물질 등이 있는지를 반드시 확인해 보아야 한다.

(2) Fine line 성

필름을 적정 Laser 량으로 노광 후에 적정 현상 조건으로 현상 후에 line의 Sharpness를 고배율 확대경으로 관찰, 검사해 봐서 line의 fine 성 및 roughness 정도를 측정하여 평가한다.(이때, Laser plotter는 광의 선 폭을 고정하여 실시해야 함)

(3) 현상성

필름의 Laser에 의해 감광된 후에 준비된 현상액의 조건에 맞추어 현상 시 쉽고 빠르게 현상이 되어야 하겠다.

평가는 현상 동일 조건에서 현상 시에 현상 속도 및 현상 상태, 현상된 이멀젼의 색상 등을 보고 판단할 수 있다.

(4) 해상성

필름은 Laser plotter에 의해 laser 광으로 적정 노광, 감광되어 현상에 의해 상이 형성이 된다. 따라서, 동일 조건에서 최소 Line/Space가 이상적으로 형성이 되는 정도를 측정함으로서 평가 가능하다.

즉. 아주 미세 line/space의 패턴을 그려보고 현상시켜 film 별로 그 정확도를 측정해 보면 알 수 있다.

(5) 재현성

필름의 회로들은 처음에 원했던 폭/간격으로 그대로 형성되어야 한다.

따라서, 평가는 동일한 laser 광량/폭으로 plotting하여 현상(동일 조건으로)한 후에 실제 원도의 line/space가 필름에 어느 정도 일치하는지를 확인해 봄으로서 가능하다.

(6) 스크래치 내성

필름의 이멀젼면은 현상 처리 후 정착 공정에서 어느 정도 경화 및 강도를 부여받는 데도 불구하고 작업 중 및 취급 중에 다른 물체와의 접촉, 스침 등에 의해 스크래치가 발생된다. 따라서, 스크러치에 강하면 좋을 것이다.

평가는 현상 후 이멀젼 면에 H 연필을 이용하여 Ink 경도를 측정하는 방식대로 연필 경도를 측정함으로서 상대 평가가 가능하다.

(7) 치수 안정성

필름은 현상 된 후에 실제 작업 현장에서 작업되고(노광), 보관되면서 그 주위의 환경(온도, 습도)에 의해서 쉼없이 수축과 팽창이 일어난다. 따라서, 필름은 가능한 한 환경에 둔감한 것이 좋고, 작업을 하면서도 치수 변화가 적을수록 좋을 것이다.

평가는 온도 싸이클 시험(고온→저온을 수 차례 반복) 후에 실제 기준 점간의 거리를 2차원 측정기로 측정해 봄으로서 치수 안정성을 평가할 수 있다.

(8) 굴절율(투과율)

필름은 PCB 현장에서 주로 노광용으로서 많이 사용이 된다. 따라서, U.V 빛에 가능하면 굴절이 적게되면서, 투과율이 거의 공기와 같은 수준이라면 좋을 것이다.

이것은 쉽게 확인 가능한데 그 방법은 노광기의 프레임 위에서 적정 노광량을 주고 노광량 측정기로 광량을 측정한 후에 필름을 놓고 다시 동일 노광량을 준 후에 광량을 측정함으로 흡수, 손실되는 정도의 광량을 쉽게 확인할 수 있다. 가능한 적을수록 투과율이 좋다고 하겠다.

4.4.7 Cu Anode

Cu Anode는 전기 동도금에 있어서 Cu 금속 이온을 공급해 주는 중요한 재료이다.

(1) 입자의 균일도

우선 Cu anode는 PCB의 회로 및 홀 속에 Cu 금속을 도금하는 용도이므로 Cu 입자의 미세, 균일한 것이 PCB의 신뢰성에 좌우한다.

따라서, Anode 볼을 X-Section식으로 아주 곱게 연마, 최종 표면 처리 후 금속 현미경으로 고배율로 확대 금속 입자의 균일성을 관찰 및 파악하며 평가한다.

(2) 신율

PCB의 홀 속 도금은 특히 최종 완제품 후에 열 충격 및 Soldering 등을 거치면서 많은 이동 충격을 받는다. 이때, Cu 시재의 연신율이 적은 경우 Cu 도금의 crack 등이 발생하여 홀 속 접속 불량을 야기할 수 있다. 따라서, 인신율이 좋이아 된다.

평가 방법은 Cu anode를 열을 가하여 용체하여 애체로 만들어 이것을 폭 1 cm의 홈통에 부이 두께를 1 mm로 만든다.

이어 이 시편을 가지고 인장력 측정기로 양단을 고정시켜 잡아 당겨 최대로 늘어나서 끊어지는 힘을 측정하여 이 값을 최대 인장 연신율로 삼고 가능한 이 신율이 높을 수록 좋다.

(3) Black film 형성율

Cu anode는 인을 포함한 함인동으로 이 인이 형성이 되어야만 균일 도금이 가능하다.

이 인은 Cu anode를 전기동도금 용액에서 정상적인 방법으로 도금을 진행하여 일일 확인 체크하여 Black film이 정상적으로 형성이 되는지를 확인하여 이상 유·무를 확인한다.

4.4.8 소포제

소포제는 PCB 제조 공정 중에 특히 전·후 처리 약품 중에 알칼리성 약품에서 발생하는 거품을 제거 또는 저지하는 역할을 하는 약품으로 그 평가 항목은 다음과 같다.

(1) 소포성

소포제는 무엇보다도 각 약품의 거품을 저지, 방지하는 역할의 약품으로 실제 소포능력이 뛰어나야 한다.

평가 방법은 거품이 발생하는 약품을 메스실린더에 따라 거품의 순수 높이를 제고, 이때 거품 높이를 동일하게 일치시켜서 소포제 별로 동일 투여량(가능하면 $1\,\mathrm{m}\,l \sim 10\,\mathrm{m}\,l$ 내외)을 투여하여 거품 높이가 낮아지면서 제거되는 것을 측정하여 최대 제거나 저지되는 소포제가 소포 능력이 가장 좋다고 평가 할 수 있다.

(2) 수세성

소포제는 실리콘 type과 Non 실리콘 type으로 나누어지는데 모두 Solvent와 같은 성분이 들어가 있고 실제 손으로 만져보면 미끈거리고, 끈적거림이 있다. 따라서, PCB의 현상액 또는 박리액 등에 혼합되었을 때 PCB의 처리 후 신속한 제거가 필요하다. 즉, 쉽게 수세에 의해서 제거가 되는 것이 중요하다.

이 소포제 성분이 수세가 잘 안되어 PCB의 표면 또 의는 홀 속에 잔존하였을 때 2차적인 불량이 야기되는 경우가 많으므로 주의를 요한다.

평가 방법은 동일한 PCB를 동일 조건(현상 처리, 소포제 별)으로 처리 후 Dipping 수세(동일 조건)로 처리 후 건조시킨다.

건조 후 Cu 표면의 이물질, 오물, 미건조 부위의 여부 등을 1차 관찰 확인 후, 이 시편을 전기 동도금하여 동도금 상태의 정·부로서 정상일 경우 소포제 성분이 완전 제거된 것이고, 비정상적일 경우 소포제 성분이 남아있는 것으로 결론지을 수 있다. 이렇게 하여 수세성을 평가할 수 있다.

(3) 용액이나 D/F·PSR과의 호환성

소포제는 주로 D/F·PSR의 현상액과 D/F 박리액에 혼용된다. 따라서, 이 약품들과 여기서 처리되는 D/F이나 PSR과 서로 맞아야 한다.

이를 확인하는 방법은 현상기나 박리기에 현상액과 기준 소포제를 넣고 연속 처리 작업을 하는 중에 위약품조를 중간 중간 확인하여 액 중에 발생되는 Sludge 또는 부유물 및 실제 PCB의 표면에 발생되는 Scum 등의 오염물의 유·무로서 호환성을 알 수 있다.

반드시 확인되어야 하는 항목이다.

(4) 폐수 처리 여부

소포제는 복합 화합물 즉, 고분자형 화합물로 약품 처리 후 폐수 처리가 잘 안되는 경우도 발생 될 수 있으므로 사전에 검증해 보아야 한다.

평가 방법은 소포제를 희석한 현상·박리액을 실제 처리하여 폐기 직전에 Sampling하여 Lab type으로 사전 test를 거쳐 폐수 처리 여부를 확인해 주어야 한다.

(5) 지속성(=소모량)

소포제는 한 번 건욕 시 적정량 투여 후 작업되면서 오랜 시간 소포 능력이 지속되어야 좋다.

평가 방법은 초기 건욕 시 표준량을 투여하여 실제 처리 매수를 환산해 주는 방식으로 계속 작업을 하면서 거품이 다시 발생하여 넘치는 때까지의 처리 매수로서 그 지속성이나 수율을 확인할 수 있다.

최대의 요점은 최소 투여량으로 아무 문제없이(소포성, 수세성, Sludge 무발생, 폐수처리 용이) 최대량을 처리할 수 있는 소포제야 말로 좋은 소포제라 할 수 있다.

4.4.9 Neo mask film

Neo mask film은 원 Artwork 작업 필름의 근본적인 스크러치 취약점을 보완해 주기 위해 film의 이밀전면에 coating 해주는 매우 얇은 투명 film이다.

(1) 광 투과율

필름에 Neo mask film을 coating하여 노광 작업에 들어가면 Neo mask film이 없을 때보다는 약간의 광량을 더 주어야만 정상 광량에 맞출 수가 있다. 즉, Neo mask film이 광을 일부 흡수, 광의 세기를 약하게 만들기 때문이다.

평가 방법은 광량 측정기를 이용하여 노광기의 fix된 광량으로 Neo mask film이 coating 안된 상태 하에서 작업 필름의 투명 부위 밑에 광량 측정기를 놓고 U.V 광을 쪼여서 광량을 확인한 후에 Neo mask film을 coating 후 다시 동일 광량으로 U.V 광을 조사한 후의 광량을 측정하면 실제 Neo mask film이 얼마만큼의 U.V 광을 흡수, 약화시키는 지를 알 수가 있다.

가능한 최소의 흡수량을 갖는 Neo mask film이 좋다고 할 수 있다. 즉, 광 투과율이 좋다고 할 수 있다.

(2) 회로의 재현성

Neo mask film은 광 투과율과 더불어 광의 적은 굴절율이 필요하다. 즉, U.V 광이 상이 다른 구역을 통과할 때 발생하는 굴절이 최소가 되어야 필름의 회로 역시 그대로 재현이 가능한 것이다.

평가는 fine line의 film(회로폭/회로 간격이 여러 가지로 나타나 있는)을 이용하여 우선 Neo mask film의 coating 안된 상태로 기준 노광량 및 현상을 하여 회로폭/간격 재현성을 확대경으로 확인 후에 Neo mask film을 coating후 보정된 노광량으로 노광/현상 후 동일 방법으로 회로폭 /간격을 확인하여 어느 정도의 차이가 있는지를 확인한다.

당연히 원래 film과 차이가 없이 line/space가 재현되어야 좋은 Neo mask film이라 할 수 있다.

(3) 내 스크래치성

Neo mask는 스크래치에 의한 불량을 조금이나마 방지할 목적으로 coating하는 것이 이 소기의 목적을 달성하는 지의 여부를 확인해 줄 필요가 있다.

평가 방법은 절대적인 것은 아니지만 연필 경도 측정 방식으로 상대 비교함으로서 어느 정도 강한지 서로 비교할 수 있겠다.

(4) 균일 밀착성

Neo mask film은 작업 필름에 전면에 균일하게 coating되어야만 그 역할을 다할 것이다. 따라서 coating 후 coating 상태뿐만 아니라 film을 떼어봄으로서 그 밀착 정도를 알 수 있다.

평가 방법은 coating 후 모서리 부위를 떼어보는 과정에서 밀착 정도를 알 수 있겠다.

저자 **김형록**

1989년 신아대 [illegible]학과 졸업	[외부 겸임]
1990~1996년 [illegible]	[illegible] 기술고문
1997~1998년 영익무역(주) 기술영입팀장	㈜ 케이제이테크놀러지 기술고문
1999~2000년 주양전자(주) 기술부장	J&S 기술고문
2001~2014년 혜전대학 전자과 교수	미래경영협회 총괄부사장
2005년 청운대학원 공학석사 학위취득	㈜ 파인텍 기술이사
2017~현재 비전테크 대표	KPCA 운영위원

최신 PCB 재료기술

2023년 2월 13일 1판 인쇄
2023년 2월 20일 1판 발행

지 은 이 ● 김형록
발 행 자 ● 이영애
발 행 처 ● 공감북스
주   소 ● 02011 서울시 중랑구 중랑천로 256
전   화 ● 02-971-9683
팩   스 ● 02-972-9683
등   록 ● 제 25100-2015-18호
등 록 일 ● 2015년 7월 15일
e-mail ● sympathybook@naver.com

I S B N   979-11-86898-89-5 (93560)
정   가   25,000원

※ 낙장 및 파본은 구입처나 본사에서 교환하여 드립니다.
※ 이 책의 전체 내용이나 일부를 무단으로 인쇄-복사-제본은
   저작권법에 저촉됩니다.